CONVERTIRSE EN UN LÍDER DE IMPACTO

CONVERTIRSE EN UN LÍDER DE

IMPACTO

CÓMO SU INFLUENCIA PUEDE CAMBIAR EL MUNDO **BRADEN DOUGLAS**

Este libro está dedicado a LeaderImpact.

Gracias por confiar en mí para escribirlo. Todas las ganancias de las ventas de este libro se destinarán directamente para ayudar a las personas de todo el mundo a convertirse en líderes de impacto a través de su trabajo.

Mantener el curso. Correr la carrera.

El impacto lo vale.

CONTENIDO

INTRODUCCIÓN

DESPERTAR

¿Qué estoy haciendo aquí? Son las 9:30 p. m. Me levanto de mi escritorio y miro a mi alrededor. Soy la única persona en el edificio. Todos los demás de la lujosa oficina de Frito-Lay en el séptimo piso se han ido a casa. He estado trabajando durante quince horas seguidas, tratando de descubrir cómo hacer para que la gente coma más papas fritas. No tomé un almuerzo. Otra vez.

¿Por qué me estoy matando por esto? ¿Realmente voy a pasarme toda la vida siendo el chico de las papas fritas? ¿De verdad? Y lo que es peor, me encantaba. La urgencia de todo: desarrollar la estrategia, tomar la participación en el mercado, realizar publicidades y trabajar con personas inteligentes. Pero es una vida vacía sin un propósito más profundo, y lo sabía.

Vuelvo del trabajo a casa por la autopista, subo a mi departamento a paso tranquilo y me siento en la cama. Frente a mí, en mi tocador negro de IKEA, había un espejo. Me vi con bolsas debajo de los ojos y una camisa de vestir arrugada. No me gustó lo que vi y no solo porque me veía terrible a las 11 p. m. No me gustó lo que vi para mi futuro. Me encantaba el marketing, pero quería que mi vida y mi carrera importaran y no podía ver cómo podía compatibilizar las dos.

Sentía unas abrumadoras ganas de llorar, por lo que simplemente me descargué.

Sabía que tenía que cambiar. Y estaba determinado a hacerlo. Ese fue mi llamado a despertar.

LLEVAR UNA VIDA DE IMPACTO

Todos, en algún momento de sus vidas, tendrán un momento de llamado a despertar. Es un momento en el que uno tiene claridad sobre su propósito o se da cuenta de la falta de tal propósito. En la cultura popular, se denomina "crisis de la mediana edad", pero en realidad, sucede cuando alguien es lo suficiente maduro para reflexionar de manera objetiva. Estos momentos pueden cambiar la vida de una persona y pueden llevar a un propósito gratificante, o podrían llevar a un divorcio, a comprar un convertible rojo y a usar camisas desabrochadas con cadenas de oro en el pecho.

En mi caso, emprendí un viaje personal después de esa noche (como leerá en el capítulo 8) y me di cuenta de que mi propósito era ayudar a los líderes a llevar una vida de impacto. ¿Qué significa eso? En mi carrera, al trabajar con LeaderImpact y en mi agencia de marketing, trabajo con muchos líderes. Estos son emprendedores, propietarios, ejecutivos y estrellas en ascenso, que están tratando de tener éxito. Pueden tener dinero, pero muchos de ellos no son felices. No están satisfechos. Sus relaciones con sus cónyuges y sus hijos están bien, pero no son geniales. Algunos de ellos se considerarían cristianos o tienen fe, pero no es una fe vibrante, y no se extiende a sus vidas y mucho menos a sus negocios.

De una manera u otra, muchos de estos líderes se enfrentan a sus propios llamados a despertar. Quieren tener impacto y más significado y eventualmente dejar un legado, pero por lo general solo son buenas intenciones sin ningún plan.

Incluso el término *impacto* se ha convertido en una palabra de moda con distintas definiciones que hacen que ya no tenga sentido. Es lindo decirla, pero ¿cómo lo logramos realmente?

Escribí este libro para ellos; para usted. No estoy escribiendo para todos. Les estoy hablando a los líderes: personas que lideran a otros, que aspiran a tener puestos con influencia y que los han obtenido. El liderazgo es un estado activo más que un sustantivo o puesto. Muchas de mis historias e ilustraciones serán de líderes comerciales que poseen compañías o tienen puestos máximos, pero cualquier persona puede ser un líder y tener influencia donde sea que estén en la vida y sobre cualquier persona a la que puedan influenciar. Pero este libro no se escribió para convencer a alguien para que se convierta en líder. Ya hay suficientes libros así. Presumo que si tomó este libro es porque ya es un líder de algún tipo.

Estoy convencido de que los líderes tendrán un impacto más profundo en el mundo que cualquier otro grupo en el planeta.

Los líderes tienen influencia, habilidades, riqueza y conexiones que se necesitan para mover organizaciones, comunidades, países y al mundo hacia un resultado mejor y más positivo.

Piense en eso.

Como líder, toma decisiones estratégicas cada día para dirigir sus recursos hacia un resultado. Si es un negocio con fines de lucro, esos resultados son la ganancia. Si es una organización sin fines de lucro, esos resultados están relacionados con las personas o una causa.

Lo bien que puede hacerlo y en la escala en la que puede hacerlo determina su impacto en este mundo.

No ha habido un mejor ejemplo de la necesidad de líderes de impacto que la pandemia de COVID-19.

En cuestión de semanas, países y personas de todo el mundo estuvieron bajo presión y confinamientos. La economía, en muchas áreas, se desaceleró hasta un ritmo a paso de tortuga. Miles de personas se enfermaron. Millones de personas se quedaron sin trabajo. Millones más estaban asustados, enojados y frustrados.

Los líderes en salud trabajaron incansablemente para cuidar de los enfermos y proteger a los trabajadores de primera línea. Los gobiernos lucharon por contener el virus e implementar programas para ayudar a sus ciudadanos a salir adelante económicamente. Los líderes de empresas y organizaciones intentaron liderar a sus equipos y comunicarse con ellos de manera eficaz, tomar decisiones difíciles y plantear estrategias para nuevas fuentes de ingresos o planificar para lo que se viniera. Las familias estaban enfrentándose a despidos o, si tenían empleos, estaban tratando de lograr un equilibrio entre las demandas del trabajo y la presión adicional del hogar, que para muchos también incluía la educación de sus hijos en el hogar. Las presiones y el estrés eran palpables.

Todos los líderes estaban bajo un microscopio. Todos tenían opiniones sobre qué tan bien o mal estaban liderando. Pero no hay discusión de que los líderes tenían un impacto. Sus decisiones podían cambiar el curso de acción para cientos, miles o millones de personas, y el impacto de estas decisiones afectará a estas personas durante el resto de sus vidas.

Un líder de impacto tomará mejores decisiones, manejará la presión y estará más concentrado que un líder que no lo es.

Pero no puede esperar a una crisis para convertirse en un líder de impacto. Una crisis solo revelará lo que ya está allí.

Convertirse en un líder de impacto es una decisión de vida. Comienza con una intención y requiere de toda una vida para dominarlo, pero puede lograrlo.

Los líderes son exitosos, pero no todos los líderes tienen impacto.

Si no tiene un entendimiento adecuado de impacto, por lo general verá al éxito en términos de dinero o avance personal. Cuando gana dinero, puede conservarlo o verterlo en la empresa u organización para que genere más sin un punto final real a la vista. Verá el avance y el crecimiento como un impulsor clave de la motivación, y usará su riqueza para construir un imperio para usted y una vida de placeres.

Pero, ¿qué pasaría si los líderes de todo el mundo comenzaran a pensar en el éxito de forma diferente? ¿Podríamos definir el éxito como la cantidad de impacto que tenemos y la cantidad de impacto que dejamos?

El impacto, como verá, se trata de los demás. La definición que le presentaré es que el *impacto* es influencia que inspira a los demás hacia un comportamiento positivo perpetuo.

Si los líderes se concentraran en el mejoramiento de los demás, usaran sus empresas y organizaciones para este fin y se sacrificaran por causas que les atraigan, imagine la diferencia que harían. Imagine los legados que dejarían en sus familiares, empleados, comunidades y países.

Esto no significa que vivirá una vida de pobreza. Pero significa elegir una vida de propósito por sobre una vida de placer.

Esta realidad no es fácil, pero es absolutamente posible. Hay líderes en la actualidad que viven de esta manera en todo el mundo. Es probable que incluso usted esté en el camino de hacerlo usted mismo, pero solo necesita un empujón. Solo necesita el asesoramiento, la visión y la motivación para concretarlo realmente. Y como leerá, no puede hacer esto solo. Así como la pandemia unió al mundo, vamos a convertirnos en líderes de impacto juntos.

DESCRIPCIÓN GENERAL DEL LIBRO

Este libro está diseñado para cambiar la forma en la que piensa sobre su vida y cómo mide el éxito. Voy a hacer que se cuestione cómo piensa en el impacto.

Esto es lo que cubrirá el libro:

- Va a saber lo que es y lo que no es el impacto.
- La Evaluación de LeaderImpact lo ayudará a estudiar su vida y lo que está sucediendo en las áreas centrales de su vida. La evaluación lo comparará con otros líderes del mundo para ver dónde y cómo está en comparación.
- Entenderá el Modelo LeaderImpact, que integra su vida profesional, personal y espiritual.
- Se inspirará con las historias de líderes que están teniendo un impacto y verá que no es complicado ni aburrido ni restrictivo.

Dedicaremos los primeros tres capítulos a descifrar el liderazgo, el impacto y lo que una vida de impacto puede demandar de usted en cuanto a las dificultades. Luego nos adentraremos en el centro del libro: el Modelo LeaderImpact. En los capítulos 4 a 10 exploraremos este modelo en profundidad, permitiéndole captar las ideas clave. En el capítulo 11, juntaremos todo para discutir una visión holística del "impacto del liderazgo": exploraremos rasgos comunes a los líderes de impacto y le mostraré cómo los líderes han aprovechado sus talentos y habilidades para cambiar al mundo verdaderamente. Luego, en el capítulo 12, hablaremos sobre lo que probablemente sepa pero no ha articulado: no puede hacer esto solo. Nuestro último capítulo, "Prepararse para el impacto", reúne todas estas lecciones para que se sienta energizado y preparado para comenzar su viaje.

Estoy comprometido a ayudarlo.

El propósito de mi vida es ayudar a los líderes a encontrar el éxito verdadero. He estado profundamente involucrado en iniciativas de desarrollo de liderazgo desde la escuela secundaria, pasando por la universidad, los principios de mi carrera en marketing y ahora como emprendedor de una de las agencias más grandes de Canadá y como voluntario en LeaderImpact a escala global.

Sé lo que es liderar un negocio demandante y el estrés y la responsabilidad que conlleva. Entiendo su esfuerzo y tiempo limitados. Sin embargo, porque conozco su mundo, no lo dejaré librarse. Los líderes hacen tiempo para las prioridades que importan.

Escribir este libro era una prioridad para mí. Encontré tiempo en las primeras horas del día y los fines de semana porque era importante. Como líder, va a decidir lo que es importante, y espero que sus criterios para el éxito comiencen a evolucionar hacia el impacto. Tiene el potencial para cambiar el mundo.

Aunque le advierto que este no es un libro de liderazgo regular.

Lo último que quería hacer era escribir otro aburrido libro sobre liderazgo. Ya hay suficientes de esos, y he leído muchos de ellos, y asumo que usted también.

Hay numerosos libros sobre liderazgo y asociaciones para líderes que abordan el desarrollo profesional y muchos también abordan el desarrollo personal. Pero abordar el desarrollo espiritual y reunir los tres desde la perspectiva de un emprendedor no es algo habitual.

Si está buscando una lectura relajada con los cuatro puntos para el éxito que le diga que usted es estupendo, deje este libro. No es para usted. Convertirse en un líder de impacto es trabajo duro. Lo va a obligar a pensar con más profundidad y posiblemente a cambiar su forma de pensar y su vida. Es para líderes determinados, que quieren tener éxito, que tienen curiosidad por aprender más y que quieren tener un impacto que deje un legado.

Si ese es usted, es hora de despertar. Hagámoslo.

CAPÍTULO 1

EL IMPACTO ES COMPLICADO

¿Alguna vez ha tenido una idea de que una cosa era de una manera y luego se dio cuenta de que estaba totalmente equivocado? Cuando mi esposa y yo nos mudamos a nuestra primera casa, no teníamos vecinos todavía. La casa junto a la nuestra todavía estaba en construcción, y yo estaba a la espera pensando en quiénes serían esos vecinos. Siempre quise ser ese buen vecino. Ese vecino que te puede podar el césped, prestarte una taza de azúcar, despejar de nieve la entrada de tu casa, y demás. Tal vez me inspiró la película *The Truman Show*.

Finalmente, llegó el día en que se mudaron nuestros vecinos de al lado. Una agradable familia filipina con dos niños pequeños. Unos días después, el padre estaba en el jardín, y pensé que era una buena oportunidad para presentarme. Reuní coraje, abrí la puerta y me acerqué.

"Hola, felicitaciones por mudarse a nuestro barrio. Mi nombre es Braden", le dije.

Era un hombre de baja estatura y esbelto que hablaba suavemente, y uno se daba cuenta de que era tímido pero bastante amable. "Hola", dijo. "Mi nombre es Huijo, pero es complicado."

No pude escuchar realmente su respuesta, pero juro que dijo que su nombre era "Complicado". "¡Genial! Gusto en conocerte, Complicado. Si necesitas algo, y puede ser cualquier cosa, solo dímelo", le respondí con mucho entusiasmo.

Entré y le conté a mi esposa sobre mi nuevo vecino favorito, llamado Complicado.

Durante los próximos dos años, seguí llamándolo Complicado porque realmente creía que su nombre era Complicado, y él nunca me corrigió. Yo no era tímido tampoco.

"¡Buenos días, Complicado!" "¿Cómo va la cerca, Complicado?" "Oye Complicado, ¿me prestas tus tijeras de podar?"

Finalmente, un día, su esposa y mi esposa (Jen) llegaron a casa al mismo tiempo, y se pusieron a conversar en la entrada. Después de charlar sobre cosas sin importancia, la esposa de Complicado le mencionó a Jen, casi avergonzada: "¿Sabías que tu esposo llama a mi esposo Complicado?".

"Sí", respondió Jen.

"Bueno, su nombre es Huijo, y no le gusta que lo llame Complicado. ¿Se lo podrías mencionar a tu esposo?", le dijo.

"Sí, por supuesto. No creo que él supiera su verdadero nombre", comentó Jen, tratando de salvar un poco de mi dignidad.

Jen entró riéndose mientras dejaba las compras en la isla de la cocina.

"¿Qué es tan divertido?", pregunté.

"Has visto nuestro vecino Complicado. Bueno, su nombre no es Complicado, es Huijo."

"¿Qué?", dije, dándome cuenta de que había estado equivocado durante todo este tiempo. "Huijo", me dijo.

"¿Quieres decir que lo he estado llamando Complicado durante dos años? ¿Y él lo odiaba? ¿Y no dijo nada?", le dije.

Me sentía tan estúpido y avergonzado. Pobre Huijo. Todo esto podría haberse evitado si hubiera sabido.

Y el punto para nosotros es este.

Muchos líderes van por la vida pensando que están en el camino hacia el éxito para luego darse cuenta tarde de que estaban equivocados. Paso tiempo y trabajo con líderes todo el tiempo, y muchos de ellos hablan acerca de dejar un legado y querer tener un impacto.

Pero no saben lo que significa impacto. Hacen actividades, intentando ser buenas personas, pero no tienen realmente un entendimiento del impacto y mucho menos un plan para lograrlo.

Querer tener un impacto suena bien. Especialmente en el mundo de hoy, está muy de moda hablar sobre tener un impacto y hacer que el mundo sea mejor. Pero hacerlo realmente es otro nivel al que la mayoría de las personas nunca llega.

Es esto en lo que vamos a trabajar en este capítulo: entender qué es el impacto y qué no lo es para que pueda entenderlo y comenzar a concentrarse en lograrlo.

Esto es muy importante, ya que necesitamos personas, especialmente líderes con influencia, que tengan un gran impacto.

ENTENDER EL IMPACTO

Impacto, según la definición del diccionario, es tener un efecto fuerte sobre alguien o algo. El impacto no es una acción específica o un solo evento. Hay muchas personas con las que me encuentro que usan "ayudar" de manera intercambiable con "impacto". *Ayudar* e *impacto* no son lo mismo.

Por ejemplo, todos conocemos el viejo dicho: "Dale un pescado a un hombre, y comerá hoy. Enséñale a pescar y comerá el resto de su vida."

Darle el pescado es *ayudar*. Es un acto caritativo realizado por compasión o deber o culpa o alguna otra motivación hacia ellos. Enseñarle a pescar es *impacto*. Cambia su comportamiento y forma de pensar de una manera que puede durarle toda su vida e incluso puede transmitirlo a otras personas en las generaciones actuales y futuras.

Donar a una organización benéfica es ayudar. Inspirar a las personas a preocuparse por la causa de esa organización benéfica es impacto. ¿Ve la diferencia?

El impacto es influencia que inspira a los demás hacia un comportamiento positivo perpetuo. Déjeme repetirlo: impacto, como un líder debería definirlo, es influencia que inspira a los demás hacia un comportamiento positivo perpetuo. Como puede ver, el impacto dura.

John Maxwell, el famoso autor de liderazgo de *The 21 Irrefutable Laws of Leadership [Las 21 leyes irrefutables del liderazgo]*, dice que "liderazgo es influencia: nada más, nada menos".[1] Está absolutamente en lo cierto, pero es incompleto. Los líderes influyen *y* pueden generar impacto. Tener influencia no genera automáticamente un impacto, pero sí brinda una oportunidad para ello.

En esencia, el impacto es influencia que inspira.

Por ejemplo, los padres tienen influencia, y su impacto se ve en cómo crecen y se comportan sus hijos. Los gerentes y jefes tienen mucha influencia y pueden tener un impacto en sus empleados con lo que enseñan, cómo trabajan y dan ejemplos de comportamiento y cómo se incorporan en sus personas. Lo mismo se aplica a consultores, empleados de tiendas minoristas, alcaldes, maestros, voluntarios, instructores, entrenadores, capitanes de equipos deportivos: cualquier lugar en el que tenga un puesto de influencia directa o indirecta, hay una oportunidad para tener impacto.

Para reforzar, el impacto cambia o altera la forma en la que alguien piensa y los inspira a una comportamiento positivo duradero. Los líderes sí influyen, pero no todos los líderes producen un impacto.

Me encantan los deportes, y muchas veces, me nombraron capitán de mi equipo deportivo, como fútbol, voleibol, tenis, ciclismo, entre otros. Pero era terrible como capitán. Sentía que el puesto o título de capitán se obtenía por ser uno de los jugadores más habilidosos del equipo. Les gritaba a mis compañeros de equipo para "motivarlos" a trabajar más duro. Criticaba su falta de ética de trabajo o hacía comentarios sobre errores, pensando que esto los iba a motivar a ellos y a los demás a mejorar su juego. No sabía cómo se suponía que debía actuar un capitán, y genuinamente pensaba que estaba haciendo un buen trabajo como capitán, especialmente si ganábamos. No fue hasta que conocí a Kevin Shonk que me di cuenta de que estaba muy equivocado. La mejor parte es que probablemente él ni siquiera sabe cuánto impacto tuvo en mí.

Llegué al campamento de Voleibol Olímpico en el norte de Ontario con uno de mis compañeros de equipo, Stephan Larass.

Mi puesto era de armador, lo que significaba que daba las órdenes para las jugadas, tocaba la pelota cada segundo pase y "armaba" la jugada para los rematadores. Cada campista era colocado en un equipo con un entrenador. Los entrenadores eran jugadores de mayor edad y con experiencia, que hacían demostraciones y nos entrenaban mientras jugábamos como equipo en la cancha. Mi entrenador era Kevin Shonk, un rematador poderoso 6-2 con un asombroso salto vertical que era figura en el equipo universitario de Wilfrid Laurier University.

Me dirigía a la cancha, preparándome para armar las jugadas, organizar mi equipo, ganarme su respeto con mi ética de trabajo y habilidad y llevarlos a la victoria. Luego, todo cambió.

Mi entrenador, Kevin, vino a la cancha con una energía contagiosa. Con una sonrisa rebosante en su cara, se acercó a cada jugador chocando los cinco cerca del suelo y juntó a todo el equipo en la mitad de la cancha.

"¿Están listos para esto?", dijo

"Sí", respondimos de una manera suave y vacilante, intentando entender de qué planeta era este conejito de Energizer.

"Vamos. Vamos a jugar un poco de voleibol. Estamos por dominar a este otro equipo. Griten. ¿Están listos para esto?", gritó.

"Sí", le respondimos gritando y empezando a dar saltos un poco al mismo ritmo que él en la cancha.

"No los escucho", continuó.

"¡Sí!", respondimos con una estruendosa voz. "Sigue siendo demasiado bajo", dijo.

"¡SÍ!", gritamos lo más fuerte que podíamos, mientras saltábamos juntos en la cancha.

"Equipo 5 a la cuenta de tres. ¡Uno, dos, tres!" Kevin gritó.

"¡Equipo 5!", respondimos todos gritando. Volvimos a nuestras posiciones enardecidos, con grandes sonrisas, listos para enfrentarnos al otro equipo. Ese equipo podría haber sido la selección nacional de los Estados Unidos, y hubiéramos pensado que le podíamos ganar.

Eso era bueno, pero esta es la mejor parte. Comenzamos a jugar, y el partido estaba parejo. Un saque rápido pasó sobre la red. Un compañero del equipo en la fila de atrás me pasó la pelota a mí en una buena posición. La armé perfectamente para nuestro rematador externo. Saltó demasiado temprano y no le pegó a la pelota, que cayó en la red.

"Vamos, Pat. ¡Tienes que concentrarte!", estaba por gritarle. Pero antes de que pudiera decir esas palabras, Kevin intervino.

"Buen intento, Patty. Casi lo lograbas. Sigue intentándolo. La próxima es tuya", le dijo, le chocó los cinco y le dio una palmada en la espalda.

Kevin me miró y me guiñó un ojo. Kevin sabía que Patty debía haber ganado ese set. ¿Qué estaba haciendo? Kevin sabía que debía estar decepcionado con Patty, pero su respuesta a Patty no fue la que yo pensaba. Cada jugada, sin importar el resultado, recibía una afirmación positiva.

El partido continuó, y estábamos empatados con el otro equipo cuando faltaban tan solo unos pocos puntos. Estaba sintiendo la presión. La pelota me llegó a mí nuevamente, y metí la pata. Armé la pelota a un lugar vacío junto a la red, pensando que había un jugador allí. Le di al otro equipo un punto crucial.

"Lo siento, chicos", dije con mi cabeza baja.

"Ni siquiera lo pienses. Puede pasar. Estás jugando muy bien. ¡Tú puedes hacerlo!" Kevin gritó alegremente.

"Olvídate de ello. Tú nos estás sacando adelante, Braden," dijo Patty mientras me chocaba los cinco.

Ganamos los siguientes puntos y, al final, ganamos el partido. Estábamos emocionados. Todos nos fuimos de la cancha celebrando. Eventualmente me senté y comencé a sacarme el calzado de la cancha. Kevin se acercó y se sentó al lado mío.

"Jugaste un gran partido allá afuera, Braden", dijo, manteniendo esa gran sonrisa y energía.

"Gracias. Fue divertido. Tú también estuviste genial", respondí.

"¿Qué notaste sobre el equipo o sobre la forma en que lidero?", me preguntó.

"Ayudaste al equipo a concentrarse y nos mantuviste en camino. Hiciste grandes jugadas cuando lo necesitábamos", respondí. Me sorprendió un poco su pregunta, ya que por lo general no reflexiono demasiado sobre el liderazgo después de un partido.

"La concentración y los resultados son secundarios. Nunca me pongo a pensar en ellos", dijo.

"¿No?", pregunté, sin creerle verdaderamente porque cada atleta competitivo piensa en ganar.

"No. Mi trabajo como líder es hacer que las personas amen el deporte, crean en sí mismas y quieran seguir jugando al más alto nivel en cada jugada", me dijo.

"Los resultados llegarán. E incluso si no llegan ese día, queremos seguir entrenando juntos, hasta que lleguen".

Eso cambió toda mi forma de pensar. Pensé en lo que dijo durante mucho tiempo después de ese día y todavía pienso en ello.

Kevin tuvo un *impacto*.

Si les preguntas a mis padres cuándo comencé a cambiar y a convertirme en un mejor líder, dirán que fue cuando tenía dieciséis años en el campamento de voleibol. Volví a casa y me convertí en una nueva persona.

Incluso hoy, al liderar una gran agencia de profesionales del marketing, intento inspirarlos para que amen el marketing y para que marquen una diferencia en las vidas de los demás. Es así que combino un talento para el marketing con tener un impacto en las vidas de los demás. (Hablaremos más sobre ese camino.) Intento incentivar a mis empleados con frecuencia para que crean en ellos mismos. Y creo una atmósfera positiva para que tengan ganas de venir cada día para hacer un increíble trabajo para nuestros clientes y para ellos mismos. Los resultados y el desempeño vendrán cuando haya confianza, fe y deseo.

Todavía no soy perfecto (como pueden dar fe mis empleados), pero el impacto del entrenamiento intencional de Kevin cambió la forma en la que quiero liderar al avanzar en la vida. Me recuerdo incluso ahora mientras escribo esto que no buscamos la perfección, sino el progreso.

Todos tienen la habilidad de generar un impacto.

Quiere que se diga a usted mismo, en voz alta, en este momento (sí, en voz alta): "Todos tienen la habilidad de generar un impacto".

¿Cree en eso? Este es el primer paso para convertirse en un líder de impacto. Debe creer, en su alma, que puede tener un impacto en los demás. Que tiene la habilidad, y diría la responsabilidad, de ser un líder de impacto. Si no cree en esta verdad, entonces tendría que dejar de leer en este momento porque no puedo ayudarlo.

Pero si cree en esta afirmación (y es una afirmación simple), tendrá la habilidad para iniciar algo que llegará solo más lejos de lo que usted cree.

EL IMPACTO GENERA MOVIMIENTOS

La medida del impacto está en el tamaño y la escala del movimiento que se genera. Se puede crear impacto en palabras o acciones intencionadas.

Considere a Rosa Parks y su historia de impacto.

Rosa Parks era la secretaria de la Asociación Nacional para el Progreso de las Personas de Color (National Association for the Advancement of Colored People, NAACP) en la década de 1950 en una época en la que los estados confederados del sur habían adoptado leyes que segregaban a los ciudadanos negros y blancos en instalaciones públicas, transporte público y tiendas minoristas.

En 1955, alrededor de las 6 p.m., después de un día completo de trabajo, Rosa se subió al autobús de la ciudad de Montgomery con el conductor James F. Blake, el mismo conductor que la obligó a bajarse del autobús mientras llovía unas semanas antes porque más personas blancas habían subido al autobús y no había suficientes asientos para todos. Eso fue humillante.

En este día, a medida que subían más personas al autobús, la sección para blancos se llenó.

Blake se levantó de su asiento de conductor y se dirigió por el pasillo hasta la mitad del autobús.

"Será mejor para ustedes que me dejen esos asientos", les dijo mirando desde arriba a los cuatro pasajeros negros. Al principio, nadie se movió.

"Déjenme esos asientos", Blake volvió a decir, su tono volviéndose más severo. Tres de los cuatro pasajeros se levantaron a regañadientes y se trasladaron a la parte de atrás del autobús. Pero no Rosa. Se quedó y se movió más cerca de la ventana, instalándose.

"Si no se levanta, voy a llamar a la policía para que la arresten", le advirtió.

"Puede hacerlo", respondió Rosa.[2]

La policía llegó y acusó a Rosa con violación del Capítulo 6, Artículo 11, ley de segregación del código de la ciudad de Montgomery.

No era la primera persona en boicotear el sistema de autobuses de la ciudad, ni fue la mente maestre o líder clave del movimiento de igualdad, como Martin Luther King Jr., pero su determinación, su voluntad y su negativa a ceder ese día generaron un impacto.

Unos días después, luego de un juicio que duró treinta minutos y declaró a Rosa culpable, la NAACP organizó folletos y los distribuyó en iglesias y barrios negros, pidiéndoles a los ciudadanos negros que boicoteen los autobuses el día lunes 5 de diciembre. Un artículo en la primera plana del *Montgomery Advertiser* ayudó a difundir la palabra.

La estrategia de boicot fue un éxito en generar conciencia y unir a la comunidad negra para que defienda la igualdad de derechos.

Esto llevó a más boicots y marchas.

Rosa era una mujer inteligente, amable y responsable, y el trato injusto hacia ella por leyes arcaicas desató una injusticia. Rosa provocó que su comunidad tomara posición. No necesitó discursos convincentes o estar en una posición de autoridad, pero se plantó y se volvió una fuerza de influencia. Si Rosa pudo hacerlo, también podemos nosotros.

"La gente siempre dice que no dejé mi asiento porque estaba cansada, pero eso no es verdad. No estaba cansada físicamente, o no más cansada de lo que usualmente estaba al final de un día de trabajo. No era una anciana, aunque algunas personas tienen una imagen mía como si hubiese sido una anciana en ese entonces. Tenía cuarenta y dos años. No, de lo único que estaba cansada era de ceder", dijo Rosa.

Rosa Parks se convirtió en un icono para el movimiento de derechos civiles. Tendría un costo para ella y su familia, ya que su esposo perdería buenos trabajos debido a la controversia, pero no se podía negar su impacto.

La dimensión del impacto se ve en la longevidad de acción que sigue fomentando. Los movimientos se inician a partir del impacto.

EJERCICIO PERSONAL

Leer un libro es fácil, pero quiero que estas ideas se le queden marcadas.

He agregado algunos simples ejercicios para ayudarlo a desarrollar la forma de pensar que se necesitar para progresar. El primer ejercicio conlleva escribir los nombres de personas que han tenido un impacto en usted durante su vida.

Hacer una lista de algunas de las personas que tuvieron un impacto en usted le permite desarrollar un sentido más agudo de entendimiento de cómo es el impacto: las diversas formas en las que se puede producir un impacto y qué tan crucial o duradero puede ser el efecto. Permite entender el poder del impacto a nivel personal.

Al reflexionar sobre su vida, piense en las personas que han tenido un impacto positivo en usted. ¿Quiénes eran? Un maestro. Entrenador. Jefe. Amigo. Familiar. ¿Qué hicieron o dijeron que resonó en usted?

Escriba los nombres de tres a cinco personas, y junto a cada nombre, escriba el impacto que tuvieron en usted. Intente ser lo más concreto posible. Por ejemplo, si tenía un maestro que tuvo un impacto en usted, no diga: "Era genial y me hacía sentir bien". Es poco preciso y no resulta útil. En cambio, intente recordar la historia o contexto que lo hizo sentirse de esa forma, por ejemplo, "Mi discurso ante la clase iba muy mal, y comencé a llorar, pero mi maestro se paró y me felicitó por tener el coraje de ser vulnerable".

¿Tiene una lista de personas y el impacto que tuvieron?

Ahora, quiero que imagine a las personas en su vida: familiares, amigos, colegas, vecinos, empleados, compañeros de equipo, proveedores y cualquier otra persona.

¿Cuántos de ellos, si hicieran este ejercicio, escribirían su nombre? ¿Cuántos de ellos tendrían una historia sobre cómo usted tiene o tuvo un impacto sobre ellos en el pasado?

Hacemos este ejercicio con cada grupo de LeaderImpact que he liderado porque hace que el impacto sea una realidad que pueden sentir. Y sí, este ejercicio está diseñado para hacerlo sentir culpable. Lo siento. Es difícil incluso para mí, y estoy escribiendo este libro.

Pero esos sentimientos significan que no le gusta, lo que es bueno. Espero que lo inspire a tomar el desafío de volverse una persona de impacto con mayor seriedad y mayor intención.

CLAVES PARA RECORDAR

Usted tiene la habilidad de tener un impacto, pero recuerde estos tres puntos clave.

1. Impacto no es lo mismo que ayudar. Se trata de la influencia que inspira. Esa inspiración causa formas de pensar, creencias y actitudes positivas que llevan a mejores resultados para las personas
2. Todos tienen la habilidad de generar un impacto. No importa el rol que tenga, quién es o si tiene habilidades brillantes o no. Si tiene una influencia directa o indirecta sobre alguien, puede tener un impacto en su vida.
3. El impacto difunde y crea un movimiento. No es una acción o evento monumental; el impacto puede suceder cada día si tiene la intención y aprovecha las oportunidades con las personas. Pequeños pasos constantes con intención generan un impulso que se convierte en movimiento.

Estar en una posición de liderazgo y hablar sobre el impacto es fácil. Convertirse en un líder de impacto es donde se vuelve, bueno, complicado.

CAPÍTULO 2

UN IMPACTO DURADERO ES SU LEGADO

"¿Ya llegamos?", pregunté quejosamente desde el asiento trasero.

"Casi. Faltan quince minutos", me respondió mi papá.

"Dijiste eso hace quince minutos", dije, claramente impaciente.

Canadá es un país inmenso. Con solo hacer un viaje por carretera lo experimentarás. Tenía seis años, y estábamos viajando hacia Thunder Bay desde Toronto. Nos llevó veinte horas de viaje llegar allí.

"Ya llegamos", dijo papá saliendo de la autopista hacia un mirador sobre el lago Superior.

Mi hermana y yo salimos corriendo del auto hacia una pequeña multitud de turistas y espectadores. Fui hasta el gran monumento y miré hacia arriba.

"¿Qué le pasó a él?", les pregunté a mis padres.

"Él es Terry Fox. Perdió la pierna por el cáncer y quería correr por Canadá para generar conciencia y apoyo para la investigación sobre el cáncer", dijo mi papá. "Apenas logró llegar a Thunder Bay antes de morir."

Recuerdo haber visto su estado. Su pierna ortopédica, que me asustaba un poco. Pero lo captado más vívidamente era su postura corporal y expresión facial. Era dolor mezclado con determinación.

"¿Por qué quiso hacer eso?", pregunté.

"Odiaba lo que le había quitado el cáncer. Era joven. Vio lo que el cáncer le estaba haciendo a él y a otras personas que lo sufrían. No quería que el cáncer ganara; quería luchar y brindar esperanza", explicó mi papá.

"Es por eso que a su carrera le puso la Maratón de la Esperanza", comentó mi mamá metiéndose en la conversación.

Pensaba en Terry Fox con frecuencia al crecer, especialmente cuando nuestra escuela participaba en la Carrera Anual Terry Fox en octubre. Soy corredor. A veces intentaba imitar el estilo de correr en una pierna de Terry para ver cómo sería. No llego muy lejos antes de rendirme; es muy difícil.

Si solo quiere vivir una vida de impacto por la recompensa que puede darle, no llegará muy lejos. Es un trabajo duro. La motivación centrada en uno mismo no dura.

Se puede afirmar que el objetivo de Terry Fox no era tener un monumento de él en Thunder Bay, Ontario.

Es una gran estatua de él, pero esa no era su idea. Solamente dar dinero no es impacto. Adquirir fama o hacer que las personas sepan quién es tampoco es impacto. Tampoco se considera un legado que su nombre esté en un edificio de una universidad u hospital. Las estatuas, monumentos, nombres, solo deberían servir para recordarles a las personas el impacto que usted quiere que recuerden.

Hay tres verdades importantes que necesita entender antes de emprender o elegir vivir una vida de impacto.

EL IMPACTO NO SE TRATA DE USTED

¿Le importa algo o alguien más de lo que le importa el beneficio que podría tener? ¿Llevaría una vida de impacto incluso si nadie lo recordara o supiera lo que hizo?

Imagine entrenarse toda la vida para un deporte, llegar finalmente a los Juegos Olímpicos y luego sacrificarse para que su compañero de equipo pueda ganar. Eso es exactamente lo que hizo Colin Jenkins de Canadá. Terminó último en el triatlón olímpico, a propósito. Y nadie sabe quién es Colin Jenkins.

Esta es la historia.

Simon Whitfield, un canadiense, había ganado la medalla de oro en los Juegos Olímpicos de Sídney 2000 por el triatlón y se convirtió en un héroe canadiense. Cuatro años después en Atenas, Grecia, Whitfield terminó sorprendentemente en el undécimo puesto. Whitfield y el país sintieron una desilusión colectiva. Preparándose para los juegos de 2008 en Pekín, a los treinta y tres años, el mundo del triatlón estaba descartando que Whitfield pudiera ganar o incluso termine entre los diez primero por ser demasiado viejo. Todos lo sabían.

"No puedo ganar yo solo, pero ¿qué pasaría si hiciéramos una carrera en equipo?", sugirió Whitfield.

Jenkins era un buen triatleta pero no era para nada considerado un candidato a medalla.

"Colin, probablemente no podamos ganar una medalla por sí solos, pero si trabajamos juntos, podríamos lograr algo grandioso para Canadá. ¿Qué dices?", preguntó Whitfield.

"Está bien. Lo haré", respondió Colin.

Colin y Simon viajaron a Pekín y estaban listos para el comienzo de la carrera.

El triatlón olímpico comienza con 1.5 kilómetros de natación, luego 40 kilómetros de ciclismo y termina con 10 kilómetros de carrera. Whitfield era un corredor excepcional, pero necesitaba ayuda en natación y ciclismo.

Los atletas se prepararon para comenzar. *¡Bang!* El disparo indicaba el inicio de la carrera. Jenkins corrió a toda velocidad por delante de Whitfield y se metió en el agua. Estaba cerca por detrás de Jenkins, quien se abrió paso en el agua y se puso delante de Whitfield para que este se dejara llevar y le fuera más fácil nadar y conservar energía.

Emergieron del agua y pasaron a las bicicletas. Jenkins, agotado por la natación, corrió hacia su bicicleta y se subió a ella. Nuevamente, Whitfield estaba cerca detrás de él. Jenkins salió adelante atravesando el viento a un gran ritmo para darle impulso a Whitfield y que pueda pedalear con mayor facilidad. En la marca de tres kilómetros, Jenkins ya no podía mantener el ritmo de posición líder y se quedó atrás. Pero eso es lo que Whitfield necesitaba que hiciera.

Los atletas desembarcaron de las bicicletas y comenzaron la carrera de diez kilómetros hasta la línea de meta. Whitfield estaba en el decimocuarto lugar cuando el equipo comenzó la carrera. Su ritmo era excepcional. Comenzó a ganar terreno con cada kilómetro y acortó la brecha. Con tres kilómetros restantes, Whitfield estaba en un sorprendente cuarto lugar pero muy atrás de los primeros tres corredores. En ese momento, la energía que conservó en la natación y en el ciclismo comenzó a dar sus frutos. Con tan solo un kilómetro restante, Whitfield logró un ritmo de carrera corta increíble. Pasó al corredor en el tercer puesto. Con la multitud detrás de él, pasó al segundo y luego al corredor en el primer puesto en la recta final. Sin poder mantener un ritmo de carrera corta en todo el final, los dos corredores detrás de él comenzaron a acercarse, y el final se volvió una batalla.

El poderoso alemán Jan Frodeno finalmente superó a Whitfield con veinte metros para llevarse la medalla dorada, y Whitfield terminó con una asombrosa medalla de plata.

Por otro lado, Colin Jenkins terminó en el quincuagésimo lugar. Bien último. Al correr la recta final hacia la línea de meta, levantó la mirada para ver el nombre de Simon Whitfield en la tabla de líderes como medallista de plata. Estaba eufórico. Comenzó a chocar los cinco con los espectadores y a alentar con los fanáticos canadienses al terminar, sabiendo que ayudó a lograr algo para otra persona y para su país. Y la mayoría de las personas nunca lo sabrán ni lo recordarán.

Algunas personas criticaron lo que hizo Colin Jenkins por no estar en línea con el espíritu olímpico de un atleta. Otros consideraron que tenía una buena integridad moral o que jugaba en equipo, y creo que estarían en lo correcto. Se necesita integridad moral para sacrificarse de la forma en la que lo hizo para que su equipo canadiense se pudiera beneficiar. El impacto que el deporte canadiense y Simon Whitfield pueden tener en las personas al ganar una medalla olímpica es mucho mayor que terminar en el decimoquinto lugar.

Se necesitan cualidades personales sólidas para vivir una vida de impacto. Todos poseen ese tipo de buenas cualidades. Usarlas y enfocarlas hacia un bien mayor es impacto. Pero no todos toman esa decisión, especialmente cuando tal vez nunca vean los beneficios de su trabajo.

Es por eso que es importante recordar que el verdadero impacto no se trata de usted.

¿La causa o las personas por las que se preocupa valen más que tener el honor, la recompensa o su nombre destacado?

EL IMPACTO NO SIEMPRE ES FÁCIL

La mayoría de los líderes y marcas quieren que los vean como personas o compañías que tienen un impacto. Cuando hablamos acerca de tener un impacto o nos ven dando dinero, ofreciéndonos como voluntarios en una organización sin fines de lucro o participando en una carrera para beneficencia, la gente admira eso. Habrá gente que lo felicitará y estará agradecido por lo que está haciendo. Pero, ¿por qué lo está haciendo? ¿Sus acciones están motivadas por las personas a las que está ayudando, o se enfocan en los beneficios que recibe por participar? ¿Qué pasaría si tener un impacto en público no fuera popular? ¿Qué pasaría si fuera lo correcto pero pudiera causarle daño personal o profesional? ¿Lo haría de todas formas?

Hace dos mil años, Jesús tuvo un impacto enorme. Millones de personas han puesto su fe en Él como el hijo de Dios y construyeron sus vidas sobre las bases de sus enseñanzas. Pero definitivamente no era popular. Jesús era constantemente acosado y ridiculizado por los líderes de su época. Fue acusado falsamente de crímenes que no cometió para que pudiera ser torturado y asesinado por un gobierno tiránico. ¿Cree que su misión importaba más que la consecuencia?

¿Estaba pensando en las capillas o iglesias que se construirían para honrarlo en esos momentos? Por supuesto que no.

Como líder de un pequeño grupo de seguidores, tenía que dar el ejemplo de la vida que es necesaria para tener un impacto duradero. No es fácil. Pero vale la pena.

EL IMPACTO TIENE UN COSTO

Espero que para este momento se esté dando cuenta de que es posible que vivir una vida de impacto no brinde las recompensas, el reconocimiento o la fama que algunas personas creen que dará. Además de esto, vivir una vida de impacto le costará. Lo sé. No es muy reconfortante. Le costará su tiempo. Si elige enfocarse en personas con intención, tendrá que pasar tiempo con ellas: tiempo que podría dedicarse a otras áreas o a hacer otra cosa que tal vez disfrute más. Es muy probable que le cueste dinero: invertir en causas, viajes, donaciones, regalos y recursos para los demás. Usted podría haber gastado este dinero en otras áreas y en artículos o experiencias que podría haber disfrutado realmente también. A veces cuesta relaciones. El impacto a veces puede significar defender ideales, valores morales o ideas con los que no todos están de acuerdo. A veces las personas que no están de acuerdo con nuestro punto de vista son las personas más cercanas a nosotros, y esas relaciones pueden dañarse. Ese tipo de costos duele más.

Isadore "Issy" Sharp es el fundador de la exitosa cadena de hoteles de lujo Four Seasons. Si alguna vez se ha alojado en el Four Seasons, sabrá lo bueno que es la experiencia para el huésped y el servicio al cliente. Están comprometidos con el servicio, y esa mentalidad enfocada en el servicio fue inculcada en los empleados por Issy Sharp.

Issy y su esposa, Rosalie, tuvieron cuatro hijos. Trágicamente, su hijo menor, Christopher, falleció de cáncer de piel en 1978 a los dieciocho años. Fue devastador para Issy y su familia.

Poco tiempo después, Issy recibió una llamada de Peter Martin, su vicepresidente regional occidental en Vancouver, Canadá.

"Issy, hay un joven de veintidós años llamado Terry Fox que tiene solo una pierna y está planeando correr a lo largo de Canadá para recaudar dinero para la investigación del cáncer. Espera recaudar $1 millón. ¿Crees que el Four Seasons puede ayudarlo?", preguntó Peter.

"Por supuesto. Él y su equipo pueden hospedarse en nuestros hoteles y comer gratis a lo largo de la ruta", sugirió Issy.

"Genial. Le encantará la idea. Gracias, jefe", respondió.

Issy estaba orgulloso de Terry por tomar esta iniciativa, y con frecuencia pensaba en su hijo Chris cuando pensaba en el objetivo de Terry. Unas semanas después del inicio de la Maratón de la Esperanza, Issy y Rosalie llamaron a Terry para ver cómo estaba.

"Hola, Terry. Estamos orgullosos de ti. ¿Cómo va todo por ahora?", preguntó Issy.

La voz de Terry era baja y con un tono triste.

"Está bien, supongo. Solo pensé que habría un poco más de publicidad y concientización", dijo Terry.

A Issy se le rompía el corazón. Sabía lo difícil que era físicamente para un amputado correr casi una maratón por día. Pero sobre todo, sabía lo mucho que Terry quería recaudar dinero y concientizar para vencer al cáncer. Sentir a Terru abatido fue casi demasiado para Issy.

"Déjame ver qué puedo hacer", respondió Issy.

Issy colgó el teléfono y se puso en modo impacto. Llamó a Doug Hall, su director de publicidad, para que haga una campaña llamada "Let's Make Terry's Run Count" [Hagamos que la carrera de Terry cuente] y desafió a las compañías de todo el país a prometer donar dos dólares por cada milla que corriera. Si mil compañías lo hacían, podrían recaudar

$10 millones.

La campaña publicitaria fue un éxito modesto. Cuando Terry se estaba acercando a Quebec, Issy sabía que tenía que hacer más.

Luego envió a un miembro de su equipo de marketing, Bev Norris, a Montreal a apoyar los esfuerzos de la Sociedad contra el Cáncer. Bev pudo lograr que la estrella del fútbol americano Don Sweet corriera con Terry hacia Montreal. Cuando entró en Ontario, Bev y el Four Seasons soltaron miles de globos para recibirlo con el gobernador general y un cartel gigante que decía "Bienvenido, Terry. Tú puedes hacerlo." Incluso hicieron que Terry hiciera el lanzamiento inicial ceremonial en un partido de la CFL en Ottawa.

"Una cosa más", mencionó Issy, "Voy a organizar un gran almuerzo en Toronto con exitosos propietarios de negocios para que escuchen a Terry hablar, recauden dinero y le brinden apoyo adicional".

"¿Ciento cincuenta personas?", preguntó.

"No, quinientas", dijo Issy con confianza.

E Issy y su equipo cumplieron. Casi todos los invitados se presentaron al almuerzo.

El discurso tranquilo pero poderoso de Terry en el Hotel Four Seasons de Toronto hizo llorar a la audiencia. La comunidad empresarial se comprometió y brindó el apoyo que Terry Fox necesitaba.

Después de 431 días, el 10 de septiembre de 1980, cuando Terry estaba llegando a Thunder Bay, Ontario, no pudo seguir corriendo. El cáncer se había extendido a sus pulmones, y no había forma de seguir avanzando con el dolor. Lo llevaron al hospital inmediatamente. Hasta ese entonces, Terry había corrido 5,373 kilómetros (3,339 millas). En menos de un año, Terry falleció. No recaudó $ 1 millón. Su Maratón de la Esperanza recaudó casi $23 millones ese año y desencadenó un legado.

Sobre la cama de Terry en el hospital había una nota en la pared de Isadore Sharp:

"Tú lo comenzaste. No descansaremos hasta que tu sueño de encontrar una cura para el cáncer se haga realidad".

Issy y el equipo de Four Seasons, junto con la Sociedad Canadiense contra el Cáncer, crearon la Carrera Terry Fox, una carrera anual para recordar a Terry Fox y seguir recaudando dinero para la investigación sobre el cáncer. Se ha realizado cada año desde 1981, con millones de participantes, y ha recaudado más de $300 millones.

Isadore Sharp ha sido extremadamente exitoso. El Four Seasons es un icono internacional de servicio y lujo, con más de treinta mil empleados. Sin embargo, en su libro titulado *Four Seasons*, el amigo de toda la vida de Issy dijo que la continuación de la Carrera Terry Fox era el logro del cual Isadore estaba más orgulloso.

¿La Maratón de la Esperanza de Terry Fox hubiera tenido tanto éxito sin el esfuerzo y la inversión de Isadore Sharp? Probablemente no.

Le costó a Isadore y a su compañía mucho dinero, favores con socios comerciales y tiempo. El impacto tiene un costo. Pero vale la pena.

De chico me inspiraba ver el monumento a Terry Fox y participar en la Carrera Terry Fox cada año. La mayoría de las personas no tienen idea del rol que tuvo Isadore Sharp en la vida de Terry Fox, pero es exactamente el tipo de líder que deja un legado.

El legado es la cantidad de tiempo y la cantidad de personas afectadas por su impacto. Es una forma intencionada de vivir para cuidar de otros. Y es un trabajo duro. Poner las necesidades, sueños y esperanzas de otras personas por delante de las propias no es natural. Es por eso que es inspirador.

CLAVES PARA RECORDAR

Si quiere ser un líder de impacto, recuerde estas verdades.

1. **El impacto no se trata de usted.** Se trata de poner a los demás primero y ser intencionado con ellos.
2. **El impacto no es fácil.** Es un trabajo duro encontrar el tiempo, ser intencionado o poner en riesgo su reputación. Si es importante, los líderes encontrarán una forma de lograrlo, y eso es lo que necesita hacer.
3. **El impacto tiene un costo.** Ser un líder de impacto siempre conlleva un sacrificio: donar su tiempo y dinero que siente que no le sobra, conectar a personas o sacrificar el placer personal. El sacrificio es real, así que no se sorprenda cuando comience a costarle algo. Espérelo.

Estoy dando una imagen optimista del liderazgo y el impacto, ¿no? Le dije al principio que este no iba a ser un libro sobre cómo ser exitoso.

Este libro es sobre transformarse para convertirse en un líder que tiene un impacto. Es una decisión de vida. Y se trata de vivir una vida abundante porque eso es lo que deja un legado.

Winston Churchill lo dijo de la mejor manera:

"Nos ganamos la vida con lo que obtenemos. Tenemos una vida con lo que damos."

CAPÍTULO 3

SEA USTED MISMO. SIMPLEMENTE MEJOR.

Hacía calor. Me quemaban las piernas. Mis pulmones estaban prendidos fuego. Y finalmente logré llegar al entretiempo del partido de fútbol. Nos reunimos como equipo. Estaba sosteniendo con fuerza mi botella de agua, tirándome agua en la boca y en la cara.

"¡Braden!", me llamó mi entrenador. El equipo se dio vuelta y me miró.

"¿Qué está pasando? No te estás esforzando allá afuera."

Lo miré, no creyendo realmente lo que estaba escuchando. *¡De verdad!*, pensé. Me estaba partiendo el alma dando todo lo que tenía, y este entrenador fuera de forma me decía que no me estaba esforzando. Estaba enfurecido.

Contuve el impulso de discutir y tratar de hacerlo entrar en razón. Él era el entrenador, y me encantaba jugar y no quería que me mandaran al banco.

"Tienes que comenzar a jugar duro. Eres mejor que esto. Y necesito más de ti", siguió gritando.

A tres pies de mi cara.

Apreté los puños y me mordí el labio. Sonó el silbato para comenzar la segunda mitad, y jugué como un hombre en llamas. Me olvidé del dolor en las piernas o los pulmones ardientes. Estaba más agresivo, más fuerte con la pelota, atacando, e incansable en mi búsqueda.

No creía que tenía más para dar. Pero de alguna manera le di más a mi entrenador.

Barry MacLean fue mi entrenador en el equipo universitario de hombres en Wilfrid Laurier University durante los cuatro años que estudié para obtener mi título. ¿Recuerda a Kevin Shonk del capítulo 1? El estilo de entrenamiento de Barry no era nada parecido. Me criticó en muchas ocasiones, empujándome y desafiándome a que mejore mi juego. Y aunque lo odiaba en ese momento, funcionaba para mí; Barry sabía cómo sacar lo mejor de mí en esa época de mi vida.

Me sentía como el baterista en la película *Whiplash* que recibe abuso emocional y presionado pero finalmente mejora. Solo que no tan dramático. Yo era un extra en el equipo universitario. A diferencia de la mayoría de los jugadores en el equipo, no me habían reclutado para jugar. Simplemente me presenté en las pruebas abiertas al comienzo de mi primer año en la universidad.

"No eres el más habilidoso, Braden, pero eres rápido. Te quiero en el equipo, pero es probable que no juegues", dijo Barry en mi primer año.

Estaba en lo cierto, no jugué ni un solo partido en ese primer año. Ni siquiera estaba en el banco. Era peor que eso. Nunca me puse el uniforme. Esto es lo que los equipos deportivos llaman "camisetas rojas".

Estaba en la lista pero solo practicaba con el equipo, y muchas veces no viajaba con ellos para partidos de visitante. Era aleccionador.

Uno practica, trabaja duro cada día mientras trata de cumplir con una carga de cursos universitarios completa y nunca llega a jugar. Había otros jóvenes en esta posición también. Algunos aguantaron. Otros renunciaron. ¿Usted qué haría?

Yo aguanté, pero sabía que tenía que mejorar. El entrenador me mantenía por mi velocidad, así que estaba determinado a no perder ninguna carrera de calentamiento. Cuando el entrenador nos hacía hacer carreras suicidas, que consistían en correr rápido ida y vuelta entre líneas en el campo, rara vez perdía, si es que alguna vez perdía. Los demás se tomaban turnos para descansar entre sets para guardar energía para vencerme. Lo tomaba como un desafío y los vencía siempre.

Mi equipo se convirtió en el escuadrón de práctica. Los calientasillas y los camisetas rojas. Nos enfrentábamos a los jugadores iniciales en prácticas y calentamientos. Solo queríamos vencerlos. Otros equipos tratarían de hacérselo fácil a sus propios jugadores o no se esforzarían tanto en la práctica como en un partido. Pero no nosotros. Éramos implacables y, muchas veces, más agresivos con nuestro propio equipo que cuando jugábamos contra los contrarios. Había empujones, una nariz sangrante por un codazo o una pelea en la práctica cada algunas semanas. Era intenso, pero una vez que terminaba la práctica, éramos amigos.

Esta cultura implacable y competitiva rindió sus frutos, y el equipo se volvió más fuerte y mejor preparado. Mejoré más rápido como jugador y eventualmente salí de las profundidades de la tabla para comenzar a jugar partidos en mi tercer año. Luego me nombraron capitán del equipo en mi cuarto y último año. Para coronarlo, ganamos dos campeonatos nacionales en esos dos últimos años en los que jugué.

Fue la única vez en la historia de la universidad que ganaron los campeonatos de fútbol universitario de hombres.

Barry demandaba más. Le di más y me convertí en un mejor jugador y una mejor persona gracias a ello. No trataba a cada jugador de esta manera. Como entrenador experimentado, sabía cómo motivar a determinados jugadores. Era suave y empático con algunos y con otros, como yo, era provocativo. Se preocupaba por sus jugadores, pero su trabajo no era hacer amigos; estaba allí para preparar a los jugadores para ganar.

Y para ganar y ser campeones se requiere más.

Eso es lo que el mundo quiere de usted también: más. Porque eso es lo que le hace falta al impacto y porque usted es capaz de ello. Sus familiares, amigos, colegas y empleados con gusto recibirían más de usted también. Sí, eso suena abrumador y agotador, pero usted puede hacerlo.

SEA USTED MISMO. SIMPLEMENTE MEJOR.

La enseñanza y mantra habitual es ser uno mismo. Es verdad que queremos ser auténticos y no pretender que somos algo o alguien que no somos. Eso es obvio. Creo que las habilidades y perspectivas únicas de todos es lo que enriquece este mundo. Lo que quiero que aprenda es que nunca debe conformarse. No hay límites para lo que las personas pueden aprender y desarrollar. Quiero repetirlo: no hay límites para lo que las personas pueden aprender y desarrollar. Así es como uno mejora. No tenga miedo de ser presionado.

Jesús tenía unos treinta años cuando comenzó a ir de pueblo en pueblo enseñándole a la gente sobre Dios y cómo vivir.

Juntó a un pequeño grupo de personas para entrenarlas para hacer lo que él estaba haciendo, los cuáles fueron sus discípulos. Era un grupo diverso de pescadores, un recaudador de impuestos, un rebelde, un ladrón y otros hombres comunes que no esperaría que estén con un gran maestro.

Mientras Jesús estaba enseñando a una multitud de gente en un pueblo, les contó esta historia y les pidió que pensaran en su significado.

> Un día, un granjero plantó una semilla. Mientras sembraba las semillas, algunas cayeron sobre el camino, y los pájaros se las comieron. Algunas cayeron en pedregales; brotaron rápidamente pero no echaron raíces, por lo que cuando salió el sol se marchitaron con la misma rapidez. Algunas cayeron entre las malas hierbas; al crecer, eran ahogadas por las malas hierbas. Algunas cayeron en buena tierra y dieron una cosecha mayor a la que pudiera imaginarse.[3]

¿De qué cree que se trata esta historia, y cómo se relaciona con convertirse en una persona de impacto?

Es una parábola interesante, y si no la entiende, no se sienta mal. Los discípulos de Jesús tampoco tenían idea y tuvieron que preguntarle a Él sobre su significado más tarde esa noche en privado.

Usted es el suelo, y el tipo de suelo en el que cultive en su vida determinará qué hace con las nuevas ideas y mensajes (que son las "semillas") y si producirán algo significativo. Hay cuatro tipos de suelo/personas: camino, pedregal, lleno de malas hierbas y buena tierra.

- **El camino es suelo duro.** Está convencido de su posición y forma de pensar sobre un tema, y no está abierto a nuevas ideas o sugerencias. La semilla no pasará, la descarta de inmediato y se olvida. Se pierde.
- **El pedregal es suelo mixto.** Lee el artículo más reciente, prueba la nueva dieta de moda esperando mejores resultados, vuelve energizado de una conferencia, pero el cambio o la nueva perspectiva no dura. La dieta se va una vez que alguien le encuentra algunos defectos. El consejo que tanto lo había entusiasmado es abandonado cuando un amigo o familiar cercano se ríe de él. No echa raíz en su vida, y entonces desaparece.
- **El suelo lleno de malas hierbas es buena tierra, pero está llena de distracciones (malas hierbas).** Hay demasiadas prioridades que compiten, demasiados caminos que quiere explorar; o el trabajo duro de ser disciplinado, demorar la gratificación o nadar contra la corriente de cultura popular es demasiado. La nueva idea o mensaje se ve ahogada y resulta ineficaz. Tiene buenas intenciones pero ningún resultado.
- **La buena tierra en la parábola es el mejor suelo.** Recibe el mensaje abiertamente, lo internaliza para desarrollar raíces fuertes, elimina la distracción, se compromete con él y eventualmente ve los resultados que son mucho mayores que los que se hubiera imaginado.

Jesús estaba hablando de su mensaje sobre conocer a Dios. Pero la parábola se aplica a todos los mensajes. Habrá algunas personas que nunca elegirán aceptar una vida de impacto. Otros simplemente rechazarán la idea de inmediato por ser demasiado simple o no ser para ellos. Algunos podrán obtener una nueva perspectiva pero rápidamente se olvidarán de ello cuando las ocupaciones de la vida se apoderen de ellos. Pero habrá unos pocos que lo entenderán. Estos son los líderes que están listos para el cambio, listos para aceptar el desafío, listos para juntarse con otras personas que piensan igual y vivir una vida de impacto. Ellos son los que mirarán atrás y verán los asombrosos resultados de su trabajo duro.

La pregunta que todos nos tenemos que hacer con frecuencia es: ¿Qué tipo de suelo vamos a ser?

¿Podemos ser nosotros mismos, pero mejores?

LA DIFICULTAD ES PARTE DEL PROCESO

Vivir una vida de impacto requiere que sea mejor. Es un trabajo duro, y no sucede rápidamente, y es por eso que yo creo que no hay más personas haciéndolo. Es mucho más fácil vivir la vida para uno mismo y concentrarse en lo que necesita para sobrevivir y vivir para el placer o estilo de vida personal. Nadie quiere tener dificultades.

Mi papá se dedicó durante cuarenta años a ser arquitecto paisajista de las municipalidades de dos ciudades. A principios de la década de 1990, diseñó el paisaje de una escuela local y decidió colocar un jardín de mariposas con una variedad específica de flores silvestres que atraerían a las mariposas. Creó carteles educativos sobre las etapas de vida de una mariposa y la escuela crearía un plan de estudios para que los estudiantes aprendieran sobre estos hermosos insectos. La idea tuvo éxito, y más escuelas querían que mi papá creara estos jardines de mariposas para sus escuelas. Se convirtió en el "hombre mariposa".

Un día, después de un partido de hockey, mi papá y yo pasábamos con el auto por una escuela que tenía uno de sus jardines de mariposas.

"Oye, Braden, ¿quieres ver el jardín que puse en esta escuela?", preguntó.

"No, la verdad que no", respondí. No hay muchos adolescentes que se emocionen con estas oportunidades, y yo era uno de ellos.

"¡Genial!", dijo, mientras hacía un giro cerrado a la izquierda hacia el estacionamiento de la escuela.

Salimos del auto y caminamos hacia el costado de la escuela en donde estaba el jardín. Estaba lleno de flores silvestres que crecían en grandes cajones con caminos por todas partes. Debía admitir que estaba impresionado. Caminé hacia una parte del jardín en donde vi un capullo colgando de una planta alta. Me acerqué y podía ver a la oruga moviéndose de un lado a otro. Parecía lista para liberarse y estaba tratando de salir. Comencé a tirar lentamente del capullo.

"¡No toques eso!", me gritó mi papá.

"¿Por qué no? Quiere salir", le respondí.

"La oruga necesita salir con dificultad del capullo para desarrollar los músculos adecuados que le permiten volar", dijo. "Si la ayudas, terminará cayéndose del capullo y será el almuerzo de un depredador".

"Ya veo", dije.

Creí que estaba haciendo algo útil. No me di cuenta de que esa dificultad era necesaria para la mariposa. Es una de esas lecciones que nunca olvidé de mi papá, y estoy verdaderamente agradecido de que se haya tomado el tiempo para doblar a la izquierda ese día en el estacionamiento de la escuela.

La dificultad es parte del proceso de mejorar. Es incómodo y trabajo duro, y es por eso que la mayoría de las personas se estancan y no mejoran. Estoy seguro de que la oruga hubiese recibido con gusto la ayuda. Eso es solo porque no puede ver el panorama completo ni tiene la sabiduría para saber lo que es mejor.

¿Con qué frecuencia somos como una oruga? La vida se pone difícil. Su negocio o trabajo está atravesando una mala temporada.

El dinero es demasiado escaso. Las relaciones con su cónyuge o hijos o familia extendida se han puesto difíciles. Estas son verdaderas dificultades. Es fácil quejarse o quedarse atrapado en la autocompasión o culpar a otros e incluso a veces culpar a Dios por la situación que estamos atravesando.

Es en realidad en estos momentos en los que experimentamos el mayor crecimiento como líder. Estamos desarrollando músculos mentales sobre cómo perseverar, aprender y crecer para poder tener un impacto en otros que se enfrentarán a situaciones similares en sus propias carreras y vidas.

Probablemente todos escuchamos la frase: "Sin dolor no hay beneficio". Sé que es verdad, pero en mis momentos más duros, cambio esta afirmación de la siguiente manera: "Concéntrate en el beneficio para soportar el dolor".

Si sigue concentrándose en el resultado que verá al final, el dolor en el proceso se volverá mucho más manejable. Imaginarse su nueva pérdida de peso y mayor energía hará que pueda soportar la dieta actual. Ver un gran matrimonio vibrante para usted puede ayudarlo a soportar el mal momento al que puede estar enfrentándose. Imaginarse al negocio prosperando, dando ganancias y ayudando a las personas lo ayuda a soportar el trabajo hasta tarde y los obstáculos actuales a los que se enfrenta.

En muchos casos, no siempre podemos cambiar nuestras circunstancias, pero podemos cambiar nuestra perspectiva y nuestra actitud hacia ellas. Podemos darnos cuenta de que es una parte importante del camino: una parte necesaria. Y podemos aceptarla.

NO SEA UN LÍDER QUE RESCATA

Así como tener dificultades es importante para su crecimiento personal, es importante darles a los demás el espacio para luchar sus propias batallas. Esto puede ser difícil para la mayoría de nosotros.

Si ve a alguien ahogándose, sí, debería rescatarlo. Pero, ¿qué pasa si se sigue ahogando cada semana y lo miran a usted (o a otros) para que lo rescaten en cada ocasión? No es tan malo, ¿verdad? Se preocupa por ellos. Es capaz de hacerlo. Están seguros debido a sus acciones. Así que, ¿cuál es el daño?

En psicología, una relación dependiente o dependencia ocurre cuando hace algo por alguien que son capaces de hacerlo por sí mismos. No se convertirá en un líder que tiene un impacto a un nivel alto si crea relaciones dependientes y no puede delegar. Limita su capacidad para multiplicar y obtener escala.

Como líder, ayudar puede dañar, y es una de las lecciones que me ha costado aprender. Así como quería ayudar a la oruga a salir del capullo cuando era adolescente, me di cuenta que, ocasionalmente, ayudo a mis empleados e incluso a mis hijos cuando no debería. Cuando siento estrés o presión, me convierto en un líder que rescata, y lo odio.

Por ejemplo, en mi compañía, contratamos a muchos empleados inteligentes y prometedores. Algunos de ellos son jóvenes con experiencia limitada, y otros tienen más años de experiencia, pero la mayoría son bastante inexpertos en cuanto a trabajar en una agencia. Es un entorno con un ritmo rápido y requiere una producción rápida y con gran calidad. Si le doy a un nuevo empleado una estrategia de marketing para que la complete, por lo general recibo el primer borrador y apesta. Les hago algunos comentarios e intento entrenarlos en la dirección adecuada. Se acerca la fecha límite para el cliente. Me reúno con el nuevo empleado otra vez para revisar el segundo borrador. Es mejor pero no es excelente. Ahora el empleado y yo sentimos ambos la presión, porque nos preocupa hacer un buen trabajo.

"Déjame que yo siga con él", les digo. "Genial. Gracias", responden con un alivio desesperado.

Trabajo hasta tarde por la noche y lo termino. Es una gran estrategia, y se la presentamos al cliente, a quien le encantan las ideas y la dirección.

Viene el siguiente proyecto de estrategia. Este empleado crea un primer borrador, y es similar al primer borrador de la estrategia anterior. Necesita mucho trabajo. Por una cuestión de tiempo y por querer hacer un gran trabajo, lo sigo yo nuevamente. Y el ciclo continúa.

Puede pensar que este ciclo y mi comportamiento es descabellado. Es descabellado. De hecho, es demencial. Pensar que obtendré mejores resultados haciendo lo mismo. Sin embargo, muchos líderes con los que trabajo les permiten a los empleados o las personas a seguir dependiendo de ellos. Puede sentirse bien ser necesitado y saber que está haciendo un gran trabajo, pero limita. Impide el crecimiento de la organización y de las personas involucradas. Sí, incluso suprime el crecimiento del líder, ya que está atascado haciendo actividades que los demás son capaces de hacer por sí solos y no puede trabajar o desarrollar otras áreas.

Mi primer puesto en marketing fue en Procter & Gamble mientras asistía a la universidad durante dos veranos. Recuerdo sentirme orgulloso de haber obtenido ese puesto tan codiciado con una compañía prominente a tan corta edad. Me colocaron en las marcas de suavizantes de telas Bounce y Downy en la división de lavandería. Mi gerente era un hombre talentoso, inteligente y accesible llamado Jeff Straker. También era abiertamente homosexual, lo que no era habitual a fines de la década de 1990, así que tenía un comportamiento fuerte y confiado.

"Estas son las tareas que necesito que completes", me dijo Jeff en su oficina.

"Genial. Serán buenas tareas y me mantendrán ocupado este verano", dije con confianza.

"¿Verano? Son para esta semana", respondió con toda seriedad.

"Oh, claro. Por supuesto." Mis ojos deben haber estado saliéndose de mi cara como un pollito mojado.

"Braden, haz el progreso que puedas y muéstramelo cada día durante cinco minutos para que pueda asegurarme de que estás en el camino correcto. Ponte a trabajar", dijo.

Salí de su oficina y comencé a trabajar en la primera tarea. Determinado a hacer un gran progreso y mostrarle a mi nuevo gerente que era una estrella, trabajé hasta tarde por la noche. Volví a la mañana siguiente para mostrarle mi progreso y escuchar sus elogios.

Lo destrozó.

"Tu fundamentación no tiene fuentes. El lenguaje es pasivo. La estructura es errática. Es demasiado verboso", dijo mientras tomaba su bolígrafo Bic rojo y marcaba todo el informe.

El corazón me latía rápido. Estaba frustrado, confundido y necesitaba ayuda. Pero la ayuda nunca llegó. Trabajé en él nuevamente hasta tarde por la noche y le mostré el progreso a Jeff al día siguiente.

"Está mejor pero sigue necesitando mucho trabajo", dijo.

Me quería morir en ese momento. Me gradué de la escuela secundaria con las mejores calificaciones.

Tenía buenas calificaciones en la universidad, pero no estaba listo para este "mundo real". Estaba atrapado en el capullo de P&G. Estaba sufriendo para encontrar una forma de pasar por esto. Jeff nunca me ayudó a salir del capullo. En ese momento, lo odiaba. Lo culpaba por no ayudarme más y quitarme parte de la carga.

Pero lo logré. Eventualmente mejoré y me volví mucho más eficiente. Volví a la universidad en otoño y estaba notablemente mejor preparado que los demás estudiantes. Mi ética de trabajo era más fuerte, lo que me daba un mejor rendimiento y establecía una base para una carrera exitosa en marketing.

Jeff no me rescató. Y las dificultades me hicieron mejor.

Al leer este libro y pensar en su vida mientras procesa las siguientes secciones, quiero que sepa que no voy a rescatarlo. El mundo necesita líderes, como usted, que tendrán un impacto en los demás. Nunca llegará a ese lugar si no realiza el trabajo duro o sufre las preguntas difíciles.

Este no es un manual de instrucciones en el que le doy los cinco pasos para tener un impacto. Así no funciona la vida real. Tampoco es como se crean los líderes. El propósito es brindar ideas, inspiración y claves para ayudarlo a determinar cómo va a hacerlo. Tendrá un impacto único en el mundo, y mi trabajo es intentar sacarlo de usted.

CLAVES PARA RECORDAR

Quiero que sea usted mismo, pero mejor. Así que recuerde:

1. Tiene que estar comprometido con el proceso y hacer el trabajo duro.
2. Aceptar las dificultades en el capullo. Son necesarias para la transformación.
3. No espere ser rescatado o tomar un atajo. Y no rescate a los que están debajo de su propio liderazgo.
4. Imagínese el beneficio para soportar el dolor. Mantenga el final en mente. Convertirse en un líder de impacto importa para las personas por las que usted se preocupa, e importará para el mundo.

Cuanto más alto llegue como líder, mayores tenderán a ser las dificultades. Esta idea fue captada a la perfección por James Allen en su libro *As a Man Thinketh* [Como un hombre piensa]: "Aquel que quiera lograr poco ha de sacrificar poco; quien quiera lograr mucho ha de sacrificar mucho. Quien quiera lograr grandezas debe sacrificar grandemente."

Acepte las dificultades. Inclínese hacia el sacrificio. Aprenda de ambos. Desarrollan sus músculos para que pueda volar aún más alto.

CAPÍTULO 4

EL MODELO LEADERIMPACT

Estaba parado en el frente en el salón de baile de un hotel en Calgary, Alberta, respondiendo preguntas de algunas personas luego de haber dado una presentación a los líderes del área.

"Entiendo el liderazgo, pero ¿qué significa realmente el impacto para mí?", me preguntó un joven líder.

Era alto y bien vestido, de tez oscura que destacaba su origen de Oriente Medio. Me daba cuenta por lo elocuente y confiado que era de que venía de un buen hogar y estaba determinado a tener éxito en su vida.

No recuerdo la respuesta completa que le di, pero sé que no fue buena. Estaba llena de jerga, como "empoderar", "temple", "influencia" y una infinidad de otras palabras de moda sobre liderazgo. A veces si decimos una cantidad suficiente de esas palabras con entusiasmo y convicción, suele satisfacer a las personas y podemos salirnos con la nuestra.

"Claro", dijo amablemente. "Gracias por su tiempo". Y se fue, pero sabía que no estaba satisfecho.

No podía escaparme de esto.

Sabía que este joven líder, como muchos líderes, genuinamente quería claridad con respecto al impacto. Era una pregunta que seguía considerando en mi mente, especialmente sabiendo que tenía otro compromiso de charla en unas pocas semanas con otro grupo de líderes.

Finalmente, una mañana temprano, estaba en la oficina de mi casa planificando mi próxima charla. Comienzo mi planificación pensando en la audiencia y en la organización que me invitó a hablar. En este caso, la organización era LeaderImpact. Una organización que había estado reuniendo, desafiando y apoyando a líderes en grupos y eventos para que piensen en sus vidas holísticamente a fin de tener un impacto que cambie al mundo. He sido voluntario con ellos durante más de una década, y es con ellos que me asocié en este libro.

¿Qué quería lograr LeaderImpact con este evento en el que iba hablar? ¿Quién es la audiencia? ¿En dónde están en sus vidas? ¿Qué los va a ayudar a tener éxito?

No podía dejar de pensar en la pregunta del joven líder en Alberta. Escribí una declaración: "¿De dónde viene el impacto?" Escribí "resultado", pero lo taché rápidamente. El resultado no es el objetivo. "¿Quién es un líder que tiene impacto en los demás?" Luego pensé en los grandes líderes de la historia y otros líderes que tuvieron una influencia en mi vida. Escribí tres puntos y dibujé un círculo alrededor de estos puntos y me di cuenta de que estaba creando un diagrama de Venn.

En las semanas siguientes, comencé a recopilar opiniones sobre esta teoría de diversas personas. Continué perfeccionándola.

Con el diagrama completo, lo usé como el principal contenido en una presentación de ideas clave en el evento. Solo para que sepan, esto es peligroso, ya que el nuevo material siempre es más difícil de presentar como ideas clave. ¿El resultado? Sorprendentemente increíble. Estaba claro en mi mente mientras lo presentaba, y la devolución del personal de LeaderImpact y los líderes que asistieron fue fuerte.

Habíamos descubierto algo. Durante el año siguiente, junto con el personal de LeaderImpact, varios líderes de alto nivel y asesores de ejecutivos, continuamos perfeccionándolo. El modelo ahora está incorporado como una capacitación central de "Bases" para líderes cuando se unen a LeaderImpact.

Es simple pero no fácil. Con eso quiero decir que es simple de entender y captar el concepto pero no es fácil de implementar en la vida. Supongo que se puede decir que es más fácil decirlo que hacerlo, y es por eso se recomienda que esté en comunidad con otras personas mientras trabaja en él.

EL MODELO LEADERIMPACT

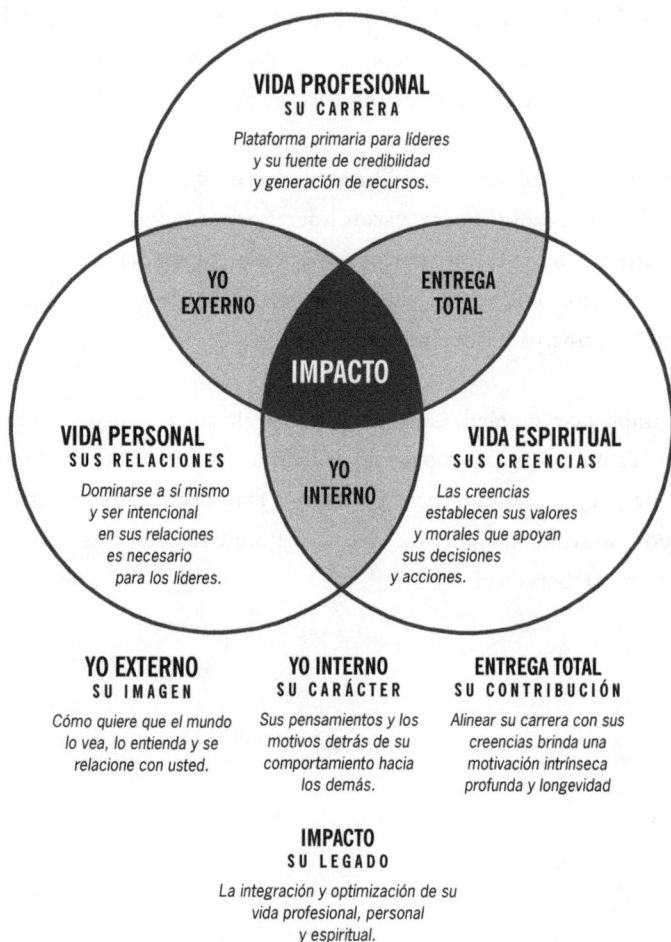

VIDA PROFESIONAL
SU CARRERA

*Plataforma primaria para líderes
y su fuente de credibilidad
y generación de recursos.*

YO EXTERNO

ENTREGA TOTAL

IMPACTO

VIDA PERSONAL
SUS RELACIONES

*Dominarse a sí mismo
y ser intencional
en sus relaciones
es necesario
para los líderes.*

YO INTERNO

VIDA ESPIRITUAL
SUS CREENCIAS

*Las creencias
establecen sus valores
y morales que apoyan
sus decisiones
y acciones.*

YO EXTERNO
SU IMAGEN

*Cómo quiere que el mundo
lo vea, lo entienda y se
relacione con usted.*

YO INTERNO
SU CARÁCTER

*Sus pensamientos y los
motivos detrás de su
comportamiento hacia
los demás.*

ENTREGA TOTAL
SU CONTRIBUCIÓN

*Alinear su carrera con sus
creencias brinda una
motivación intrínseca
profunda y longevidad*

IMPACTO
SU LEGADO

*La integración y optimización de su
vida profesional, personal
y espiritual.*

El Modelo LeaderImpact se basa en la premisa de que el IMPACTO se produce cuando la vida personal, profesional y espiritual de un líder están totalmente integradas y optimizadas.

No se trata de *qué* hace sino *quién* es. Déjeme repetirlo porque los líderes suelen poner gran énfasis en lo que hacen. El impacto tiene mucho más que ver con *quién es usted* que con *qué hace*. Si es un líder que tiene un impacto, lo hará sin importar su rol, actividad o trabajo.

Yo espero que este libro lo ayude a cambiar su enfoque de *qué* a *quién*. El impacto no se trata de realizar una lista de actividades en una fórmula para producir un determinado tipo de resultado. Es primero una cuestión de "quién". ¿Quién es usted? ¿Desea ser un líder que tiene impacto? ¿Cómo se convertirá en una mejor persona? ¿Un mejor líder? Luego se trata de: "¿En quiénes tendrá un impacto? ¿Por qué son importantes para usted? ¿Por qué tener un impacto en ellos es importante para el mundo?".

El Modelo LeaderImpact y los posteriores ejemplos e historias están allí solamente para ayudarlo a implementarlo para que la forma de pensar y la filosofía echen raíces en su vida. Una vez que la raíz es fuerte, entonces se puede producir el crecimiento, y es ahí que verá los resultados.

Déjeme guiarlo por este modelo a un nivel general antes de entrar en cada área en detalle entre los capítulos del 5 al 10. Hay mucha información aquí, así que tómese su tiempo para avanzar por las secciones. Asegúrese de tener un buen entendimiento de lo que se está diciendo. Los siguientes capítulos explorarán maximizar cada área para crear impacto, pero este resumen general es el corazón conceptual del modelo.

VIDA PROFESIONAL

Esta es su carrera. En promedio, pasará noventa mil horas o aproximadamente un tercio de su vida en el trabajo. Si es como yo, incluso podrá pasar más tiempo que eso. Y esto ni siquiera tiene en cuenta el tiempo en el que está pensando en el trabajo cuando no está allí.

Con tanto tiempo invertido en su carrera, puede ver por qué y cómo su identidad puede convertirse en lo que hace. También es un área crítica para los líderes ya que su plataforma para la credibilidad e influencia sobre los demás suele provenir de su profesión. Abraham Lincoln no fue un líder admirado por su postura moral sobre cuestiones como la esclavitud o porque era un buen esposo. Fue porque era el presidente de los Estados Unidos y tenía una gran influencia sobre la vida de millones de personas. Su fuerte ética moral y características personales impulsaron su impacto, que cambió el mundo occidental.

Sin importar en dónde se encuentre en su vida y su carrera, puede enfocarse en tener un impacto. Cuando mejor sea como profesional y más alto sea el puesto que logre, mayor será la plataforma o la oportunidad para el impacto. Por lo tanto, es fundamental siempre estar aprendiendo y perfeccionando sus habilidades y conocimientos para que pueda tener un mayor impacto en el mundo.

VIDA PERSONAL

Está caracterizada por sus relaciones. Comienza con conocerse a uno mismo y cómo se comporta, piensa y se ocupa de su bienestar. Luego se trata de las relaciones que tiene con los demás: desde colegas hasta amigos y familiares, y mucho más. Dominarse a sí mismo y ser intencionado en las relaciones en su vida es el punto inicial de impacto. Si no puede tener un impacto en las personas más cercanas a usted, no tendrá impacto en las masas. Comienza por lo pequeño y va cobrando dimensión.

VIDA ESPIRITUAL

Estas son sus creencias. Los valores y morales que apoyan su toma de decisiones tienen una tremenda influencia sobre los resultados de su vida profesional y personal.

Esta área impulsa y determina sus motivos y definiciones para el éxito y el impacto. Cada líder elige un sistema de creencias que seguir, ya sea de forma consciente o no. Esto fue un viaje para mí, como lo es para muchas otras personas. Cuando entendí quién es Dios y por qué importa tener una relación con Él, finalmente pude ver más allá de mí mismo y ver las necesidades de los demás. El impacto no se trata de usted. Puede saberlo a nivel conocimiento, pero esa idea tiene que sentirse en lo profundo de su alma para que pueda vivirla cada día.

La intersección entre estos espacios de la vida y cómo se relacionan entre sí brindará un mayor entendimiento para ayudarlo como líder.

YO EXTERNO (PROFESIONAL Y PERSONAL)

Esta es su imagen. Se crea a partir de su Vida Profesional y Personal y determina cómo las personas lo ven, lo entienden e interactúan con usted. Es un conjunto de interacciones e información que forma una opinión de su reputación o identidad. Por ejemplo, la Madre Teresa crea una imagen muy diferente en su mente que, por ejemplo, Donald Trump, aunque es muy probable que no haya conocido a ninguno de los dos. El Yo Externo está conectado con *qué* hacemos en nuestras vidas. Todos nosotros intentamos controlar nuestra imagen ideal para el mundo externo. Las redes sociales y la tecnología son los nuevos medios que permiten que esto suceda, y es bastante asombroso de ver. Pero hay un lado negativo. ¿Qué imagen está tratando de crear? ¿Para quién? ¿Cómo se compara a sí mismo con los demás? ¿Es lo suficientemente bueno?

Si está construyendo una imagen para beneficio personal y elogios, lo dejará ansioso, deprimido y desesperado.

Nadie quiere ver a personas que buscan obtener una gran cantidad de "Me gusta" en las redes sociales o seguir a líderes que politiquean dentro de organizaciones para avanzar. Controlar y desarrollar una identidad auténtica basada en el propósito es fundamental para el impacto.

YO INTERNO (PERSONAL Y ESPIRITUAL)

Cuando su Vida Personal y su Vida Espiritual se unen, forman su Yo Interno. Este es su personalidad. Si el Yo Externo se trata de *qué* hace, su Yo Interno determina *por qué* lo hace. Sus deseos, motivos, pensamientos y ambiciones están dirigidos por sus valores, creencias y visión espiritual. ¿Quién es cuando no hay nadie a su alrededor? ¿En qué piensa? ¿Por qué quiere realmente tener más?

Si sus motivos para tener un impacto no provienen de un lugar profundo de preocupación por los demás y un sentido de propósito, nunca tendrá un impacto duradero.

ENTREGA TOTAL (PROFESIONAL Y ESPIRITUAL)

Cuando su Vida Espiritual hace uso de sus habilidades, conocimiento y experiencia de su Vida Profesional, es ahí cuando las personas se benefician del don de su liderazgo. Esta es su contribución al mundo. La Entrega Total determina *cómo* está haciendo las cosas y viviendo una vida de impacto. Esto no significa que necesita estar trabajando en una organización sin fines de lucro o que no pueda enfocarse en las ganancias o los resultados como negocio. Toda causa debe contar con recursos para tener éxito. Durante toda la historia, los líderes han proporcionado conexiones y grandes cantidades de dinero para impulsar grandes causas. Es un privilegio increíble pero requiere un gran sacrificio propio y en gran cantidad.

Cuando entienda y acepte su propósito, su motivación e impulso están equilibrados con una mentalidad compasiva, una preocupación por las personas y el medioambiente y un deseo de usar las ganancias y la influencia para el impacto.

IMPACTO (LA COMBINACIÓN COMPLETA)

Esta la intersección totalmente combinada de su Vida Profesional, Personal y Espiritual. Es una vida integrada. Se trata de *qué* hace, *por qué* lo hace y *cómo* lo está haciendo, lo que genera *impacto* en las vidas de los demás. Su influencia causa pensamientos, creencias, actitudes y acciones positivos que llevan a mejores resultados para usted, su familia, amigos, colegas, comunidad y sociedad a gran escala. ¿No sería asombroso? ¿No sería algo por lo que valdría la pena vivir? ¿Sacrificarse?

El impacto es en definitiva el legado que deja para el mundo.

Recuerde que el Modelo LeaderImpact es simplemente un marco para ayudarlo, como líder, a pensar en los componentes de su vida a fin de influir en pensamientos, comportamientos y decisiones positivos. Hay una infinidad de libros y autores que tienen marcos útiles. En mi experiencia, no importa qué modelo elija seguir. Lo que genera resultados es el trabajo dentro de estos marcos. La acción y la ejecución son primordiales. El marco simplemente ayuda a comunicar y organizar la información para que pueda llegar a cientos de grupos y miles de líderes que quieren convertirse en líderes de impacto.

Los siguientes capítulos comenzarán su viaje evaluando y entendiendo que el impacto es el resultado de una vida integrada. Como he dicho antes, entender el IMPACTO es simple, pero vivirlo no es fácil.

Mi rol es ayudarlo a desarrollarse y crecer para que pueda ser el tipo de líder que tiene impacto.

LA EVALUACIÓN DE LEADERIMPACT

¿Ha escuchado el proverbio chino: "Un viaje de mil millas comienza con un primer paso"? Es un recordatorio de que, aunque el viaje es largo, simplemente hay que comenzar, y las acciones inmediatas son pequeñas. Esta es su vida. Puede ser por un período corto o largo, pero tiene que tomar acción. Comenzar con pasos pequeños es la mejor manera. El hecho de que siga aquí conmigo y haya llegado a este punto significa que está listo para tomar los pasos necesarios para marcar una diferencia. La decisión más importante a tomar ahora es en qué dirección irá y en qué áreas se concentrará.

La Evaluación de LeaderImpact puede ayudarlo con esto. En la parte posterior del libro o en línea en LeaderImpact.com se encuentra una evaluación que se desarrolló para ayudar a los líderes a evaluar sus vidas en el contexto del Modelo LeaderImpact. Las preguntas están diseñadas para ayudarlo a pensar en las tres áreas de su vida (profesional, personal y espiritual) de una forma más profunda y brindar una referencia práctica para llevar un seguimiento del progreso. Puede responder estas preguntas en el libro o en línea. La versión en línea le da un resultado inmediato y compara su puntuación con líderes de todo el mundo para que pueda ver cómo se compara con ellos. (Oh, vamos; sé que tiene un lado competitivo y está interesado en ver sus estadísticas). Complete esta encuesta antes de avanzar al siguiente capítulo; le dará un buen entendimiento de qué tipo de líder es ahora y lo ayudará a relacionar los conceptos explorados en el resto del libro.

Una vez que haya completado la encuesta y esté listo para adentrarse en el modelo, siga leyendo.

CAPÍTULO 5

VIDA PROFESIONAL

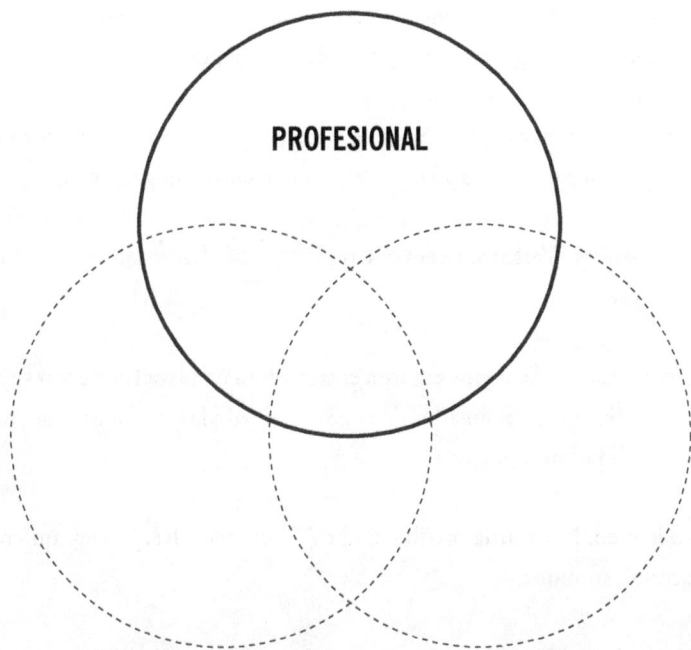

Estaba en el equipo de atletismo en la escuela secundaria. Era corredor y me concentraba en las distancias de 800 y 1,500 metros. Si alguna vez se ha entrenado para correr, no es el evento más divertido para el cual entrenarse.

Básicamente uno solo corre, mucho. Un día, después de la escuela, mientras corría alrededor de la pista, notaba a todos los atletas de las pruebas de campo pasándola muy bien.

"Aquí están estos chicos divirtiéndose tirando objetos pesados y saltando sobre colchonetas. Parece una mucho mejor idea que correr y correr durante una hora", me dije a mí mismo.

En la esquina del campo, noté a los atletas que hacían salto con garrocha. Alcanzaban grandes alturas y alentaban a todo volumen cuando uno de ellos pasaba por encima de la barra. No tenían un físico enorme, tenían un lugar en el equipo para otro miembro y pensé que podía ser un gran evento para que yo probara.

Luego de la práctica, tomé coraje y me acerqué a mi entrenador de pista para ver si podía unirme al equipo de salto con garrocha.

"Entrenadora Watkins, ¿crees que podría probar hacer salto con garrocha?", pregunté.

La entrenadora Watkins era una entrenadora de pista fuerte y severa que se veía como un jugador de rugby listo para la batalla y tenía una personalidad un poco fría.

"No lo creo. No es una prueba para ti." "Por favor. Realmente quiero hacerlo", supliqué.

"Bueno. Está bien. Siempre y cuando no entre en conflicto con tus eventos de carrera y completes tu entrenamiento de carrera antes de practicar la prueba de campo", respondió. Me daba cuenta de que no le gustaba esta idea, pero yo estaba eufórico.

"No hay problema", dije con confianza. Corrí para unirme a los saltadores y contarles la gran noticia.

Resulta que el salto con garrocha es difícil. Definitivamente más difícil de lo que parece. Tienes que correr rápido por unos treinta metros hacia el área de salto mientras sostienes una garrocha de doce pies de largo y luego plantarla perfectamente, usando el impulso para lanzarte en el aire hasta unos tres a cinco metros. Durante el vuelo, tienes que poner el cuerpo en un ángulo y cambiarlo para que pase por encima de la barra y caigas de espalda sobre la colchoneta.

Parecía fácil, pero no podía lograrlo. Es una forma agradable de decir que nunca pude pasar por encima de la barra, incluso a la altura más baja. A pesar de mi falta de talento natural, el equipo de salto con garrocha era genial. Fueron pacientes y me daban instrucciones. Aun así no podía pasar por encima de la barra, pero estaba muy cerca.

La competencia de atletismo regional se acercaba pronto. La entrenadora Watkins se me acercó una noche después de la práctica.

"Podemos registrar a tres atletas para salto con garrocha en tu categoría de edad. ¿Has podido pasar por encima de la barra?", preguntó.

"Sí. Puedes apostarlo", mentí. Incluso cuando las palabras salían de mi boca, sabía que no debería haberlas dicho.

"Genial", me dijo. "Estás dentro".

Es como siempre dicen en los negocios: "Finge hasta que lo consigas". No podía saltar a esa altura, pero estaba determinado. Para la siguiente semana, practique duro. Pero sin importar cuánto lo intentara, no podía pasar por encima de la barra, y no quería admitir el fracaso ante la entrenadora Watkins.

En el día de la competencia de atletismo, me veía a la altura. Tenía el sello de mi escuela y mis pantalones cortos de correr que usaba para las pruebas de carrera. Me hicieron ver como un atleta profesional del salto con garrocha, y necesitaba toda la confianza en mí mismo que podía obtener.

Comenzó la prueba, y había una buena multitud reunida, ya que el salto con garrocha es bastante divertido de ver. Cada atleta era llamado por el juez de la prueba y luego saltaba la altura inicial con facilidad y gracia. Sabía que podía hacerlo.

"Braden Douglas. E. L. Crossley. Primer intento", dijo el juez.

Estaba listo y concentrado en el carril que tenía por delante. Mi garrocha estaba en un ángulo perfecto. Corrí por el carril con determinación, planté la garrocha y salte directo a la barra, que se cayó, produciendo un sonido de gong sobre el hormigón. Estaba avergonzado. Me miré la planta de los pies como si algo mágico me hubiera hecho caer y fallar el salto.

Caminé nuevamente al comienzo del carril, pasando junto a la entrenadora Watkins en el camino.

"¿Qué sucedió?", preguntó sin poder creerlo.

"Solo me tropecé con algo", dije. Y mentí otra vez. Realmente quería que esa fuera la verdad.

Era el único atleta que no pasó la altura inicial. Ahora cada atleta y espectador me estaba mirando para ver si completaba el salto y continuaba a la siguiente altura.

"Braden Douglas. E. L. Crossley. Segundo intento", volvió a decir el juez de la prueba.

Inspiré profunda y exageradamente y exhalé lentamente. Veía a la barra delante de mí y corrí por el carril hacia ella. Mi equipo de carrera estaba alentándome. Coloque la garrocha en el lugar exacto. La garrocha se dobló y me lanzó hacia el aire. Estaba volando. Pero no hacia adelante. Aterricé torpemente sobre el carril y me caí hacia atrás. La barra seguía en su posición, y todos me estaban mirando sin poder creerlo y había algunas risas de los atletas contrarios.

Caminé tranquilo al comienzo del carril. Otra vez. La entrenadora Watkins tenía la mano sobre la boca y me miraba directamente a mí. No era necesario que dijera nada, ya que la mirada en sus ojos me dejaba ver su sorpresa en este momento.

"Braden Douglas. E. L. Crossley. Tercer y último intento en la primera altura", dijo el juez de la prueba de una manera melodramática. Incluso el juez de la prueba se estaba riendo.

Cerré los ojos y recé. "Por favor, Dios. Ayúdame. Hazme pasar por encima de esta barra."

Tomé la garrocha con una nueva fuerza y corrí por el carril de asfalto negro hacia mi némesis. Planté la garrocha y salté con todo mi poder, lanzándome hacia adelante. Aterricé sobre la colchoneta con un ruido sordo y miré hacia atrás. La barra todavía estaba en su altura. Pero la risa de la multitud reveló lo peor. Había volado por debajo de la barra y fallado por completo. Nunca lo logré. Estuve recostado sobre la colchoneta durante un segundo más, tratando de reunir la poca dignidad que me quedaba.

El paseo de la vergüenza hacia el área de atletas pasando junto a la entrenadora Watkins fue horroroso. Al pasar junto a ella, levantó su portapapeles marrón frente a su cara, fingiendo que leía los detalles del evento del día. No dijo una palabra. No era necesario que lo hiciera.

Fue una de las mejores lecciones para mí a una edad temprana. Intenté fingir, pero definitivamente no lo conseguí. No hay impacto o influencia en los demás si uno no lo consigue.

Si no es bueno en lo que hace, nunca se convertirá en un gran líder. Punto final.

Sé que eso suena duro, pero una habilidad que es evidente para otros y logra resultados positivos genera credibilidad. La credibilidad le da derecho a ser escuchado. Cuanto más creíble sea, más poderosamente será absorbido su mensaje por la audiencia a la que usted influye.

Por ejemplo, me gusta jugar al golf, pero estoy lejos de ser un profesional. Durante una ronda de golf con amigos, es probable que haya algunas personas que son mejores jugadores que yo. A veces uno de ellos me da consejos sobre mi forma de empuñar o mover el palo o cómo preparar un golpe corto. Los escucho pero solo un poco. Pero, ¿qué pasaría si Tiger Woods, que podría decirse que es el mejor golfista de todos los tiempos, me diera consejos? Por supuesto que lo escucharía y haría lo que él dice y también lo harían otras miles de personas.

Esta amplitud y alcance de credibilidad es lo que se denomina plataforma. Cuanto más creíble y conocido se vuelva en un área particular, mayor será su plataforma, y más amplio será el impacto que pueda tener. Los Directores Ejecutivos de grandes compañías de renombre tienen una gran plataforma. Las celebridades y los políticos tienen grandes plataformas.

Para desarrollar una plataforma a través de su Vida Profesional, he llegado a creer que necesita los siguientes rasgos de personalidad. No hay un orden específico pero necesita lo siguiente:

1. Pasión
2. Búsqueda de excelencia
3. Propósito

PASIÓN

En un contexto profesional, la pasión no es un punto alto emocional que tiene ocasionalmente. A partir de la definición del diccionario de Merriam-Webster, la pasión es un disfrute duradero que proviene de realizar una habilidad o actividad, o participar en ella, durante un período prolongado de tiempo.

Habrá muchas cosas en la vida que le apasionarán. Su carrera. Su familia. Fe. Amigo. Pasatiempos o actividades. En algunos casos, su pasión por estas cosas podrá ser mayor o menor a medida que pase la vida. Sin embargo, es absolutamente fundamental que tenga pasión para tener un impacto.

Hay dos componentes de esta definición en los que quiero que se concentre.

El primero es la idea de disfrute duradero. Necesita disfrutar lo que hace.

Mi primer trabajo real después de obtener mi título de negocios fue trabajar en Frito- Lay en marketing. Era un líder ambicioso y joven con ganas de probarme a mí mismo. Era la primera vez que trabajaba con adultos de la misma edad que mis padres.

Algunas de estas personas habían estado en la compañía por más de treinta años, lo que era increíble para mí en ese momento.

Como dije en la introducción, tengo pasión por el marketing. Desarrollar estrategias, hacer una investigación a fondo, entender por qué las personas compran determinados productos y crear nuevas ideas que impulsen resultados. Con frecuencia pierdo la noción del tiempo, ya que realmente lo disfruto, lo que a veces hace enojar a mi esposa cuando tiene que llamarme para decirme que vuelva a casa.

¿Alguna vez trabajó con alguien que no disfrutaba su profesión? ¿O alguna vez recibió servicios de alguien que no disfrutaba lo que hacía? Es asfixiante. Nadie quiere ser influenciados por ellos ni se ven atraídos a ellos. Si no disfruta lo que hace, cambie el rol o las acciones, o cambie el enfoque para que sea disfrutable. Esto es lo que en definitiva tuve que hacer en Frito-Lay. Necesitaba cambiar el enfoque de papas fritas a algo que me importara: las personas.

El segundo componente de la pasión se trata de que sea por un período de tiempo prolongado. Es fácil disfrutar actividades durante un breve período, pero el disfrute es solo un componente de la pasión. La pasión también requiere perseverancia y compromiso que dure un período de tiempo. Sus sensaciones de alegría fluctuarán, pero la pasión lo mantiene en camino cuando hay dificultades. Y si está haciendo algo importante, hay y habrá tiempos difíciles. Con frecuencia veo a personas que renuncian a los trabajos demasiado temprano o se dan por vencidas en un proyecto importante o incluso ponen fin a un matrimonio rápidamente porque hay dificultades. La verdadera pasión por algo le permite mantenerse, y eso es lo necesario para una gran Vida Profesional.

BÚSQUEDA DE EXCELENCIA

Nadie sigue ni es influenciado solo por la pasión. Tiene que ser bueno. La credibilidad se obtiene por lograr resultados positivos en el tiempo.

Un día, estaba jugando al golf con un amigo. Estábamos sobre un monte que daba a un hoyo par 3 rodeado de agua. Era hermoso.

"Si meto un hoyo en uno, creo que voy a dejar el golf", dijo. "¿Por qué?", pregunté, sabiendo que no hablaba realmente en serio.

"Entonces habré logrado la perfección y podría abandonar en la mejor posición", dijo.

"Creo que no estás entendiendo de qué se trata el golf", comenté. "Es un juego de dominio y constancia. Cualquiera puede tener suerte en un solo tiro".

Me miró un poco con fastidio y me agradeció por mi sabiduría confuciana. Luego golpeó la bola y cayó en el agua.

Su Vida Profesional es un juego de dominio y constancia.

La única forma de jugar el juego profesional es a través de la búsqueda de excelencia. Siempre aprendiendo y siempre creciendo. He intentado mucho vivir de esta forma desde una edad temprana.

Había un orador motivacional en el pueblo de mi infancia llamado Bob Koehler. Como mi pueblo natal de Fonthill tenía una población de unas ocho mil personas, Bob era una cosa rara.

Con frecuencia le pedían que condujera eventos especiales en la comunidad o que sea el orador invitado en las funciones.

Me acerqué a él después de que hablara en una función en nuestra escuela secundaria.

"Gracias, Bob, por tu presentación de hoy. ¿Qué consejo le darías a una persona joven para tener éxito?", pregunté.

Estaba esperando algo como trabajar duro, disfrutar de lo que uno hace, ser considerado o algo parecido. En cambio, me dijo algo que nunca olvidé y he intentado implementar en mi vida desde entonces.

"Braden, los grandes líderes son grandes lectores", dijo.

Bob parafraseó esta frase del trigésimo tercer presidente de los Estados Unidos, Harry Truman, que dijo: "No todos los lectores son líderes, pero todos los líderes son lectores".

Bob era sabio. No me dijo qué leer o con qué frecuencia, pero me dio una idea de lo que separa a los líderes de otras personas: la búsqueda de excelencia. Lo que Bob quería decir cuando dijo que los "grandes líderes son grandes lectores" es que los líderes siempre están con ganas de aprender. Saben que nunca podrán saber lo suficiente, por lo que leen, absorbiendo la mayor cantidad de conocimientos y sabiduría que puedan. Buscan dominio; están persiguiendo la excelencia.

E importa. Los que buscan la excelencia a través de un aprendizaje constante se vuelven mejores y más valiosos para las personas a las que sirven. Obtienen más credibilidad, crean plataformas más grandes y así tienen más impacto. Lo he visto una y otra vez en mi carrera. Las personas que están constantemente aprendiendo, creciendo y dedicándose se vuelven más valiosos y ascienden más rápido que los demás.

¿Cómo está aprendiendo y buscando la excelencia? ¿Tiene un plan para usted mismo y está aprendiendo en línea con eso? Y si es así, ¿en dónde capta su aprendizaje? Hay algunas personas raras que tienen memoria fotográfica y pueden recordar datos y cifras de años de aprendizaje. Si es como yo, tengo tantas cosas que necesito escribirlas.

He usado cuadernos en el pasado, pero ahora uso Evernote en mi teléfono. Si estoy leyendo o tengo una idea o escucho algo importante, lo capto en mis notas. Muchas de las ideas y frases de este libro provienen de las notas que tomé a lo largo de los años; el conocimiento siempre resulta útil.

Si quiere que su vida profesional se dispare, asegúrese de estar siempre leyendo, aprendiendo y captando. Busque la excelencia.

PROPÓSITO

¿Alguna vez ha jugado un partido sin llevar la cuenta de la puntuación? Tal vez en un picnic o durante un partido informal por diversión. ¿Qué suele pasar? Al principio, suele ser divertido, pero después de un tiempo, la motivación y el esfuerzo comienzan a desaparecer. Es increíble lo que sucede cuando alguien menciona: "El mejor de tres gana". Todos parecen concentrarse un poco más; se esfuerzan más y entienden para qué están jugando ahora.

El propósito en su Vida Profesional enfoca su pasión y brinda la motivación para buscar la excelencia.

Se necesita entender los resultados de su esfuerzo. Estos resultados pueden ser un objetivo, resultado o compensación que logre.

También puede ser más profundo que eso y tratarse de las personas, el tiempo con la familia o el impacto que quiere tener en los demás. Obviamente, yo apoyo lo último.

Me tomó años comprometerme con mi propósito. Cuando alguien me preguntaba qué quería ser cuando era pequeño, sabía que tenía que sonar creíble, así que decía jugador de fútbol profesional, veterinario (hasta que me di cuenta que odiaba la ciencia) o Director

Ejecutivo. La verdad era que no sabía. Solo quería ser importante y rico. Mi propósito y enfoque se trataba solamente de mí. Mis objetivos. Mis dueños. Mis logros. Por desgracia, muchas personas todavía tienen esta forma de pensar. Tuve la suerte de aprender cuando era un joven adulto que una vida abundante y plena se trataba de ayudar y servir a otras personas primero.

Ayudar a los líderes a encontrar el éxito verdadero ha sido mi propósito decisivo durante los últimos años. Está escrito en letras grandes en la oficina de mi casa para recordármelo cada día. Entonces, ¿cómo lo aplico en forma práctica en mi negocio?

Para darle un poco de contexto, manejo una importante agencia de marketing llamada CREW, en la que creamos marcas, publicidad y comunicación con un enfoque en la industria alimentaria. Nos encontramos con muchas áreas grises, y es ahí en donde se ponen más a prueba sus valores y propósito verdadero.

Por ejemplo, se contactaron con nosotros para crear una nueva marca de vodka de bajo costo dirigida a hombres jóvenes entre 19 y 24 años que quisieran emborracharse gastando menos. ¿Deberíamos aceptar el trabajo o no? Si digo que no, ¿diseñar la campaña de marketing de vino o cerveza artesanal está bien? ¿En dónde ponemos el límite? ¿Qué sucede si necesitamos este cliente para poder mantener los puestos de trabajo de nuestro personal?

Tomemos a la marihuana y el cannabis como otro ejemplo.

Canadá vio surgir una importante industria cuando legalizó el cannabis. Nos inundaron de llamadas de inversores que querían nuestra ayuda para lanzar y publicitar nuevas marcas, tiendas minoristas y equipos para cosechar. ¿Deberíamos contribuir con este nuevo mercado cuando la marihuana es algo que yo personalmente no quiero apoyar? No estamos violando ninguna ley, y podríamos usar las ganancias para el bien. ¿Es ese un motivo aceptable? ¿Qué sucede con CBD, que se encuentra en la marihuana pero está asociado con algunos beneficios médicos excelentes? ¿THC (la cepa alucinógena en la marihuana) es malo, pero CBD está bien?

¿Y qué hay de cuestiones sociales a nivel macro? ¿Deberíamos usar hermosas modelos con poca ropa en publicidades de productos que contribuyen a una percepción corporal distorsionada en la sociedad? Pero, ¿qué pasa si es anuncio vende más productos para nuestros clientes que otra idea?

Tener ética y cumplir con las leyes de un país es lo mínimo indispensable. Un líder de impacto ya lo debe estar haciendo. Elegir ser una compañía o líder o ejecutivo impulsado por el propósito es lo que los diferenciará. El propósito es subjetivo y diferente para cada uno, pero necesita crear pautas claras para ayudarse.

En CREW, comencé desde el principio a tener un propósito, visión y valores que marcarían la diferencia. Nuestro propósito es ser la mejor agencia de marketing que desarrolla marcas que enriquecen vidas y deleitan el alma. La visión es ser una marca global para el bien. Y nuestros valores son C-R-E-W (Carácter, Relaciones, Ejecución y Wow). Luego tenemos definiciones en torno a cada uno de ellos, pero también tenemos pautas sobre qué clientes aceptamos y cuáles no.

Queremos trabajar con clientes cuyos productos, servicios u organizaciones hagan una diferencia positiva en las vidas de los demás.

No trabajamos con clientes de los que no estaríamos orgullosos de mostrar en la página de inicio de nuestro sitio web o de que se asocien con nuestro nombre. Me doy cuenta de que esta definición es amplia, por lo que creamos algunos ejemplos para ayudar a cada uno de nuestros líderes a tomar la decisión correcta, e incluyen los ejemplos anteriores.

No trabajamos con productos que promueven un estilo de vida de parranda, como la mayoría de las bebidas de alta graduación alcohólica o cerveza barata. El vino está bien. Evitamos el cannabis y nuevos comestibles, ya que no queremos publicitar los "Brownies Psicodélicos de Bob". Sin embargo, el aceite de CBD que se encuentra en el cannabis para beneficios medicinales está bien. No trabajamos con clientes que tienen un pasado turbio o una mala reputación en el mercado. También evitamos cosas extrañas como pociones de brujas. (Sí, ese fue un ejemplo real).

No somos perfectos, y hemos cometido algunos errores. Hemos rechazado millones en ingresos en la última década, lo que nos duele por momentos. Es especialmente difícil tener que despedir a un empleado por falta de trabajo cuando uno rechaza ingresos que podrían haber servido para que siga trabajando con usted. Pero es en los tiempos y decisiones difíciles en los que el propósito de ser un líder de impacto se vuelve real. Recuerde: el impacto le costará.

LIDERAR POR ENCIMA DE LA LÍNEA

Como mi compañía ha crecido, podemos contratar, capacitar, despedir, entrenar y desarrollar a muchos empleados. Podría decirse que ese es el rol principal de un líder a medida que progresa. En la industria del marketing, atraemos a muchos jóvenes talentosos, y muchos miembros de mi personal pertenecen a la generación milenial. Con frecuencia escucho a los líderes de mayor edad bromear sobre los "privilegiados" y "preciados" milenials, y considero que es injusto. Sí, son diferentes y tienen opiniones singulares sobre el propósito y el trabajo, sin mencionar un amor por los viajes y los aguacates.

Pero también son apasionados y comprometidos y necesitan ser guiados en lo que significa ser un líder.

Una de las lecciones que considero que es importante para los líderes jóvenes, e incluso para líderes de mayor edad, entender es el concepto de "liderar por encima de la línea". Esto es un entendimiento de cómo ser un mejor profesional para que pueda desarrollar mayor credibilidad y una plataforma más grande y lograr un mayor impacto.

Esta idea apareció cuando un joven diseñador entró en mi oficina.

"Braden, he estado aquí en CREW durante más de un año, mi evaluación de desempeño fue sólida, y me gustaría un aumento mayor al pequeño aumento que recibí por el incremento del costo de vida", dijo.

"Me encantaría", dije con toda sinceridad. "¿Cuánto te gustaría?"

"Um, estaba pensando en siete mil dólares más por año", dijo.

"Está bien. Eso es aproximadamente un incremento del 12 por ciento de lo que ganas actualmente. ¿Le estás dando a la compañía más valor y ganancias para justificarlo?", le dije.

"No estoy seguro", me respondió.

"Déjame mostrarte algo", le dije mientras dibujaba un simple gráfico de líneas sobre la pizarra blanca que está en mi oficina.

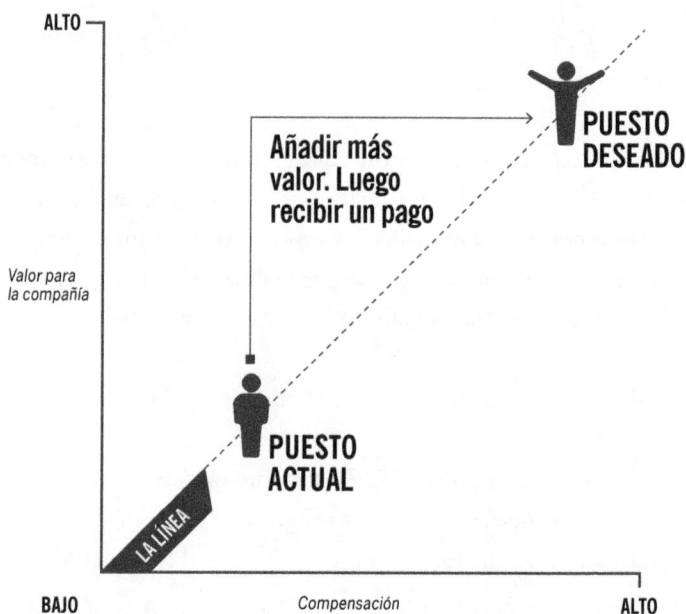

ALTO

Valor para
la compañía

Añadir más
valor. Luego
recibir un pago

**PUESTO
DESEADO**

**PUESTO
ACTUAL**

LA LÍNEA

BAJO   Compensación   **ALTO**

"Tu puesto actual se creó para aportar un valor y resultado específicos para la compañía, y se te paga en línea con las tarifas del mercado para este rol. ¿Estás de acuerdo?", pregunté.

"Sí", dijo.

"Así que si quieres ganar más dinero, esto es lo que necesito de ti. Como has estado aquí durante un tiempo, deberías ser más eficiente en la finalización de proyectos, lo que significa que puedes tomar más trabajo y darnos más resultados. En segundo lugar, dado que eres alguien respetado en tu departamento, me gustaría que comiences a enseñarles a otros diseñadores de menor rango cómo lograr una mayor calidad y más eficiencia. Esto nos dará más ganancias como compañía con las que puedo compensarte. ¿Estás dispuesto a hacerlo?", pregunté.

"Sí", dijo.

"Genial. Volveremos a hablar en los próximos tres meses, y si vemos resultados, podrás tener el aumento", dije.

"Estupendo. Gracias." Salto de la silla y volvió a su escritorio.

Logró los objetivos y recibió el aumento, y sigue siendo un gran líder y permanece con nosotros.

Entendió el principio de liderar por encima de la línea. Si quiere ganar más dinero, cobrar más por los productos o servicios y tener una mayor influencia y plataforma más grande, recuerde este principio: siempre agregue valor.

Liderar por encima de la línea se trata de entender qué aportar valor real y asegurarse de estar haciendo las cosas que contribuyen a él. Desarrollar relaciones, lograr conexiones, llegar más temprano, tomar iniciativa, orientar a los demás, trabajar en proyectos que ayudan a la compañía en su tiempo libre y aprender nuevas habilidades que se puedan aplicar para obtener mejores resultados en su rol son todos ejemplos de cosas que puede hacer para aportar mayor valor.

Este principio también se puede aplicar a personas sobre las que quiere tener un impacto. Agregue más valor en sus vidas. Conéctelas con otras personas, comparta consejos, incentívelas o deles un nuevo libro para leer. Entienda lo que están tratando de lograr, tome un interés activo en ello y apórtele valor.

Le encantaría que alguien hiciera eso en su vida. A otros también les encantará. Solo se necesita intención.

CLAVES PARA RECORDAR

Si quiere maximizar su Vida Profesional para tener un impacto, recuerde:

1. No "finja hasta conseguirlo". No hay impacto o influencia en los demás si determinan que uno es falso. Trabaje duro para conseguirlo.
2. Sea apasionado. Disfrute lo que hace y tenga compromiso y perseverancia para mantenerlo.
3. La credibilidad es esencial para un líder, y se gana al lograr resultados positivos a lo largo del tiempo. La única forma de producir constantemente resultados es con una búsqueda intencional de excelencia.
4. Recuerde siempre su propósito.
5. Siempre agregue valor. Ya sea en su trabajo o con otras personas, sea el líder que lidera por encima de la línea y busca oportunidades para agregar valor constantemente.
6. Recuerde que los mejores siempre llegarán a la cima. Solo necesita paciencia en ese proceso.

El camino que toma profesionalmente es su herramienta para generar recursos. Lo que hace con esos recursos es su regalo para el mundo.

CAPÍTULO 6

VIDA PERSONAL

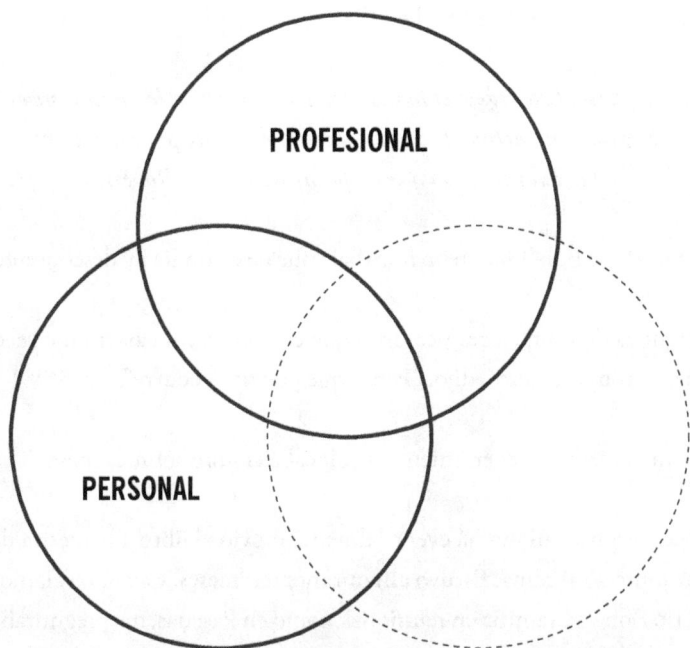

Cumplía catorce años y estaba emocionado. Mi tío Bob y su familia iban a venir a cenar por mi cumpleaños. Para contarle un poco de mi historia, mi papá tiene seis hermanos y una hermana en su familia, y el tío Bob era el hermano mayor.

También era el que más había logrado en su carrera y traía los mejores regalos.

Llegaron con una bolsa de regalos pequeña con papel de seda blanco desbordando de ella y una tarjeta en la parte de arriba. Después de cenar, de cortar la torta y de cantar el Feliz Cumpleaños, era hora de abrir los regalos. Fui por el regalo del tío Bob primero. Abrí la tarjeta rápidamente, miré el contenido esperando que fuera dinero y abrí la bolsa en busca del botín. Unos segundos después, saqué un libro. *The 7 Habits of Highly Effective People* [Los siete hábitos de la gente altamente efectiva] de Stephen Covey.

Guau, pensé. *Este regalo es malísimo. Tío, realmente lo arruinaste esta vez. Soy un chico activo de catorce años que solo lee porque me obligan en la escuela. Tal vez tenga que empezar a llamarte Robert.*

"Gracias, tío Bob", dije en un tono bajo que no escondía mi descontento.

"Algunas de las mejores personas que conocí en mi carrera me recomendaron este libro", dijo. "Pensé que podría ayudarte".

"Genial...genial", repetí mientras colocaba el libro sobre la mesa.

Días después, mi mamá eventualmente movió el libro a la mesita de luz junto a mi cama. Estuvo allí durante seis meses. Cuando veíamos al tío Bob y su familia en reuniones, como en Pascuas, me preguntaba cómo era el libro.

"Bastante bueno. Recién lo estoy empezando", le decía.

Empezó julio y eran las vacaciones de verano. No tenía un trabajo estable como chico de catorce años, por lo que tenía mucho tiempo libre.

Miré los *7 Hábitos* y decidí empezarlo. Era la primera vez que leía un libro sobre desarrollo personal.

Me alegra haberlo hecho.

El segundo hábito que Stephen Covey presenta es "mantener el final en mente". Este es el hábito de imaginarse lo que dirán las personas sobre usted cuando muera. ¿Cómo será su funeral u homenaje? ¿Quién asistirá? ¿Qué legado quedará?

Aunque era joven, pensar en mi funeral tuvo un efecto profundo en mí. ¿A quién le importaría realmente si muriera? ¿Qué tipo de hijo, hermano, amigo, estudiante, compañero de equipo o vecino era? ¿Cómo quería ser? ¿Cómo iba a convertirme en eso? ¿Qué tipo de *impacto* tendría?

LÍNEA DE VIDA

Un ejercicio que hacemos en la primera sesión de LeaderImpact es graficar su vida en una línea.

NACIMIENTO   MUERTE   ETERNIDAD

AÑOS

¿Qué edad tiene ahora? ¿Cuántos años le quedan? ¿Cómo usará ese tiempo que le queda?

Es un ejercicio de perfeccionamiento a medida que los líderes se dan cuenta de dos cosas: (1) no queda demasiado tiempo y no sabe cuándo se terminará, y (2) los líderes ven lo rápido que ha pasado el tiempo y lo que han hecho con su vida.

El tema de la eternidad y lo que hay después de la muerte es otra sección.

Pero la idea clave es que nuestras Vidas Personales son finitas. Hay un principio y un final. Quiero asegurarme de que mantenga el final en mente y se enfoque en las relaciones que importan y el impacto que puede tener en este mundo.

TODO SE TRATA DE LAS RELACIONES

Algunas personas le dirán que el impacto en el liderazgo se trata de las acciones de grandes dimensiones: construir un imperio comercial o cambiar la forma en la que opera una industria. Y esos son impactos grandes y hermosos. Pero en una escala más reducida, en su esencia, el impacto opera dentro de un subgrupo perfectamente simple: las relaciones.

Déjeme decirlo de esta manera. Trabajo con clientes en estrategia de marketing, y siempre comenzamos con ayudar a la organización a entender su propósito. Mi pregunta favorita para ayudarlos a pensar en esto es: "Si su compañía desapareciera mañana, ¿qué se perdería? ¿Qué es lo que más importaría?"

La respuesta a esa pregunta suele tratarse de las relaciones.

Las personas a las que les importaría la compañía son los clientes con los que ha desarrollado una relación y que han llegado a depender o amar sus productos o servicios. Los empleados que confían en usted y dependen de usted para tener empleo. Los proveedores que lo necesitan para que les compre. La comunidad en general a la que la organización apoya a través de impuestos, regalos, empleo, y demás.

Todo lo que hacemos está interconectado con las relaciones.

Cuando pensamos en tener un impacto como líder, siempre pensamos en las masas. Pensamos en un cambio de gran alcance y que afecte las vidas de millones de personas. Pero el impacto comienza con las relaciones más cercanas a usted. Las personas que se tomarán el tiempo de asistir a su funeral serán las personas con las que tiene o tuvo una relación. Cuanto más cercana la relación, más cerca estarán de su féretro cuando muera. Es un golpe de realidad, lo sé. Pero es verdad. Por lo general, es la familia inmediata, luego la familia extendida y luego los amigos cercanos, y así hasta la última fila, en donde podrán estar los conocidos o colegas del pasado.

Recuerde esto: el impacto en su Vida Personal siempre comienza con las relaciones que ha recibido. Tristemente, a veces somos mejores y más intencionados en el impacto en las "filas de atrás" que las "filas de adelante". Cuando piense en tener un impacto, no quiero que piense en tener un impacto sobre las masas. Piense en sus relaciones más cercanas primero. Es ahí donde tiene el poder de marcar la mayor diferencia cada día.

SOBRESALIR EN SUS RELACIONES

El gran entrenador de básquetbol Pat Riley dijo: "Un equipo se vuelve grandioso cuando cada jugador conoce su rol, acepta su rol y sobresale en su rol". Su impacto se volverá grandioso cuando conozca y acepte el rol que tiene en sus relaciones. Elegir en qué relaciones sobresalir es una de las decisiones más importantes que tomará. El motivo por el cual es la decisión más importante es porque el impacto mayor y más duradero vendrá de estas personas.

Piense en los roles que tiene en la vida. ¿Cuáles desempeña y cuáles son los más importantes para usted? Tómese el tiempo para preparar una lista.

FAMILIA INMEDIATA

- Cónyuge o pareja
- Padre, madre o tutor

FAMILIA EXTENDIDA

- Hijo o hija
- Hermano o hermana
- Tía, tío, primo, prima, sobrino o sobrina

PROFESIONAL

- Empleado
- Gerente, jefe, líder o mentor
- Colega o socio
- Cliente
- Proveedor
- Competidor

SOCIAL

- Amigo
- Compañero de equipo
- Vecino
- Congregante, participante o asistente
- Estudiante
- Otro

Piense en la cantidad de personas con las que interactúa su rol y las relaciones que tiene con cada uno de estos roles. Escriba los nombres de algunas de estas personas junto a cada rol. Ahora, mire esta lista. Imagínese las caras de estas personas. ¿Las ve?

¿Las conoce? ¿Qué tipo de impacto podría tener en sus vidas?

Antes de leer este libro, si alguien le preguntaba qué relaciones eran las más importantes para usted, probablemente diría las respuestas "correctas". Mi familia, amigos, trabajo, etcétera. Sin embargo, soy un experto en marketing y sé que las personas mienten. Lo que decimos y lo que realmente hacemos no siempre coincide. Si quiere saber qué relaciones son las más importantes para usted, mire su calendario y cuenta bancaria, y observe dónde pasa su tiempo y gasta su dinero.

Creo que una de las principales razones por las que los líderes no logran su potencial para el impacto es una desalineación entre nuestras relaciones y cómo pasamos nuestro tiempo y cómo gastamos nuestro dinero. Si quiere un gran matrimonio pero no pasan tiempo juntos o no tienen citas ni se van de fines de semana juntos, su matrimonio no será grandioso. Esto es así también para sus hijos, familiares o amigos. A donde dedica su tiempo, atención y finanzas es a donde estará el crecimiento. En el caso de muchos líderes, invierten mucho tiempo y dinero en el trabajo, y adivine qué. Es allí donde encuentran éxito.

Nadie suele hacer esto a propósito. Está lleno de buenas intenciones de mantener a su familia o sacrificarse a corto plazo para disfrutar a largo plazo. En realidad, es una falta de disciplina en torno al tiempo y egoísmo sin control. Estamos comprometidos con las cosas equivocadas. Estamos ocupados. Nos concentramos en las áreas equivocadas. Dejamos que el tiempo vuele y luego justificamos nuestras acciones y comportamientos.

Pero podemos cambiarlo.

CONCENTRARSE EN LAS RELACIONES ADECUADAS

¿Qué relaciones son las más importantes? Comienza con su familia inmediata. Si ha elegido casarse o estar en una relación comprometida para toda la vida como pareja, esta es su relación profesional. Lo mantendrán enfocado en el propósito adecuado, lo ayudarán a revisar sus prioridades, lo motivarán cuando su pasión esté desapareciendo y lo mantendrán buscando la excelencia. También hará lo mismo para ellos. No siempre se comunicarán en las mejores maneras, pero ese es otro tema.

Cuando me casé con mi esposa, Jen, era una gran maestra y amaba su carrera. Calificaba tareas mientras mirábamos una película durante los fines de semana y me pedía consejos sobre su clase y colegas. Sin embargo, cuando comencé el negocio y tuvimos a nuestro primer hijo, su propósito como maestra cambió. Nuestro propósito juntos cambió, y necesitábamos descubrir cómo asegurarnos de estar unidos en esta nueva época. No sentía que enseñar en escuelas iba a funcionar, pero tampoco se sentía satisfecha como ama de casa. Era fácil para mí, ya que me concentraba en el negocio, pero sabía que tenía la responsabilidad de ayudarla, conversar con ella y ver cómo podría usar sus dones. Este viaje llevó años, pero ahora comenzó un blog para mujeres casadas con emprendedores llamado TheEntrepreneurWife.com (sí, acabo de promocionar su blog) y enseña varios estudios bíblicos para mujeres. Le encanta. Y es buena en ello.

Si usted es padre, esta es la siguiente relación más importante. Este rol y su relación con sus hijos tendrán épocas en las que habrá compromisos y sacrificios importantes en los primeros años mientras cuida de ellos y los educa. A medida que crecen, sus necesidades cambian, y usted se vuelve una guía de apoyo, un confidente y un modelo a seguir para ellos.

Cuando dejen su hogar (esperemos que no demasiado tarde), el rol influyente se mantiene, pero el tiempo (y el dinero) se reduce.

La familia extendida viene después. Comunicarse, incentivar y estar allí para eventos y reuniones es clave. Sin embargo, solo presentarse para la hermosa cena de Pascuas no es lo mismo que tener un impacto. Sea intencionado en las vidas de sus familiares, sus sueños y sus propósitos, y vea dónde y cómo agrega valor. La conexión con su familia crea un vínculo que le da permiso para preocuparse más por ellos.

Las relaciones en el trabajo suelen ser más importantes de lo que la gente cree. Uno pasa mucho tiempo con estas personas y tiene una influencia directa o indirecta sobre ellas. ¿Cómo está intencionadamente incorporándose en sus vidas y preocupándose por ellas?

Finalmente, relaciones sociales. Amigos, vecinos, compañeros de equipo, asistentes, feligreses, personas en clubes sociales: la lista de personas con las que interactúa a diario y semanalmente es enorme. ¿Qué rol tiene que desempeñar con esas personas? ¿En quién se enfoca?

Un buen ejercicio de reflexión es crear una lista de las relaciones que tiene y en las que siente que podría tener un impacto. Notará que la lista puede ser muy larga. He creado una pequeña muestra debajo de las personas y relaciones que están actualmente en mi vida.

SU RELACIÓN CONMIGO	NOMBRE	¿CUÁL ES SU PROPÓSITO? ¿OBJETIVOS?	¿QUÉ COSA PUEDO HACER PARA AYUDAR?
Esposa	Jen	Enseñar e incentivar a las mujeres a tener éxito espiritualmente y en casa.	Dar tiempo, dinero y esfuerzo para ayudarla a emprender estas actividades.
Hijo	Rylan	Atleta, diseñador y líder inteligente.	Enseñar, fomentar y brindar oportunidades en estas áreas.
Hija	London	Hablar, enseñar y liderar grupos de personas.	Enseñar, fomentar y brindar oportunidades en estas áreas.
Padres	Papá y mamá	Seguir teniendo un propósito en el retiro ayudando a los que lo necesitan.	Tomar un interés activo en sus actividades de voluntariado. Conversar una vez por semana.
Hermana	Marnie	Establecer un nuevo propósito con una familia joven, con una nueva carrera y en un nuevo país.	Participar y tener un rol activo en sus próximos pasos. Conversar una vez por semana.
Jefe	Nate	Convertirse en un líder nacional para CREW y una persona de impacto.	Capacitación formal de desarrollo de liderazgo y participación en LeaderImpact
Jefe	Josh	Influenciar a las personas para que encuentren un propósito más profundo.	Entrenar, planificar y ayudar a brindar caminos para que él pueda compartir.
Jefe	Gerald	Convertirse en un gran líder creativo en Canadá y con esta familia.	Brindar oportunidades y caminos para que lo reconozcan por el trabajo que él y su equipo están haciendo.
Amigo	Stu	Tener un impacto en la vida de los demás en casa, a través de Tribe, en su mente maestra, y organización benéfica.	Fomentar, participar y conectarlo con oportunidades. Ser un buen miembro de la junta de Village Impact.
Amigo	Fredrick	Administrar una empresa familiar bien mientras usa sus dones para construir el reino de Dios.	Fomentar, estar disponible y conectarlo con oportunidades.
Amigo	Adam	Sobresalir como emprendedor y líder espiritual.	Fomentar, brindar ayuda práctica en su negocio y conectarlo con oportunidades.

¿Qué notó sobre mi lista? ¿Sobre qué parte tiene más curiosidad?

Este ejercicio me pareció difícil. Aunque estoy escribiendo un libro sobre impacto, hacerlo verdaderamente con intención sigue siendo un trabajo duro. Después de mi esposa e hijos, la lista de relaciones se estaba empezando a salir de control. Uno no puede ser intencionado individualmente con cada persona que conoce.

También me di cuenta que no conocía su propósito de antemano. Tuve que preguntar, investigarlo y crearlo para ellos. Parece que debería ser una tarea fácil, pero es difícil. Crear el siguiente paso o lo que puedo hacer para ayudar me obligó a pensar en soluciones prácticas. Incluso mientras miro la lista, todavía me pregunto: ¿Qué significa realmente "incentivar"? ¿Con qué "oportunidades" voy a conectarlos? Tómese su tiempo con este ejercicio. Es un trabajo duro. Y no se sienta nervioso si se encuentra confundido sobre qué acciones tomar. La claridad ya llegará. El punto es volver a enfocarlo en las relaciones que importan, ser intencionado sobre el tiempo que les da y seguir concentrado en el impacto que está teniendo. Esta es una disciplina constante, así que no se preocupe si le lleva más tiempo.

UNO A UNO Y UNO A VARIOS

Hay muchas relaciones que podría tener en la vida y solamente una cantidad de tiempo determinada. ¿Cómo puede incentivar, mantenerse conectado y tener un impacto en más personas de las que se preocupa? Una técnica que me resultó útil es compartimentar las relaciones de uno a uno y de uno a varios. En mis relaciones más cercanas, me esforzaría por la conexión de uno a uno. Pasar tiempo con ellos, ser intencionado, y demás.

Para las demás personas en mi vida, como los colegas, la familia extendida y personas que conocí en conferencias, puedo usar vías y canales de comunicación de uno a varios. Las redes sociales, este libro, hablar en eventos, escribir blogs y reunirme en grupos pequeños con LeaderImpact es donde yo elijo comunicarme, influenciar y ayudar a más de una persona. Conecte estos canales y comunicaciones con su propósito para asegurarse de que su mensaje sea auténtico y sobre ellos, no sobre usted.

ENCONTRAR LOS RECURSOS ADECUADOS

Simplemente enfocarse en los roles y relaciones adecuados no es suficiente. Para tener verdaderamente un impacto, debe contar con los *recursos* para conectarse con las personas y tener un impacto en ellas. Esto no solo significa dinero, sino que incluye recursos como el tiempo, la concentración y la energía que requiere. Debe cuidarse a sí mismo.

Hay tres componentes que considerar para poder concentrar los recursos a fin de tener un impacto en su Vida Personal:

1. Tener menos compromisos
2. Estar lleno de energía
3. Encontrar tiempo

TENER MENOS COMPROMISOS

Para tener relaciones que lleven a un impacto, necesita tiempo e intención. No hay forma de hacer esto bien si uno trata de hacer demasiadas cosas a la vez. Al avanzar por la lista de roles y relaciones, ¿qué notó? Hay muchos roles que desempeña y muchas relaciones. Es abrumador.

Mi cuñado Josh vive en Kelowna, British Columbia, y maneja una de nuestras oficinas de CREW. Es una persona extremadamente extrovertida, le encanta la gente y participa en todo.

A un año de haberse mudado a Kelowna, abrió una oficina de CREW, se involucró en cuatro grupos empresariales, se ofreció como voluntario en su iglesia, participó en un programa de asesoramiento personal, se desempeñó en la junta de una asociación de refugios comunitarios para personas sin hogar y fue mentor en el Programa de Aceleración de Iniciativas Tecnológicas. Además de esto, tenía dos hijos de menos de cinco años en casa. Era demasiado, pero sentía que tenía que hacer todas estas cosas para establecer contactos, lograr conexiones y devolver.

"Braden, creo que no doy abasto", me dijo.

"¿Tú crees?" Le respondí. "¿Cómo están tus relaciones más importantes?", pregunté.

"Bien, pero no geniales", confesó.

"Entonces tienes que tener menos compromisos y aprender a decir que no", dije.

En el libro de Greg McKeown, *Essentialism* [Esencialismo], les dice a los líderes que aprendan el poder de decir que no de forma elegante.[4] Le dirá que no a algunas cosas buenas para poder decir que sí a las cosas grandiosas que importan. En poco tiempo, Josh pudo decir que no a los grupos y clubes que estaban ocupando su tiempo y pudo encontrar a otras personas que ocupen el vacío en algunas de sus actividades como voluntario. Y los resultados siguieron siendo los mismos e incluso mejoraron para él.

Recuerde: las relaciones tienen épocas, y a lo que le dice que no en este momento puede cambiar en unos años. Decir que no no significa que sea para siempre; simplemente significa que no por ahora.

Hay dos momentos en el año en los que evalúo mis compromisos y relaciones para asegurarme de no extralimitarme: Año Nuevo y el fin de semana del Día del Trabajador.

Uso estos dos momentos del año para evaluar las cosas en las que participo. Si no están contribuyendo con las relaciones que me preocupan o el impacto que quiero tener, simplemente dijo que no con elegancia.

ESTAR LLENO DE ENERGÍA

La energía es el combustible de su máquina. Sin energía, no le sirve demasiado a la gente o a las relaciones que quiere promover. Hay una creencia popular o fanfarronada entre los líderes de que pueden trabajar duro, ser más eficaces durmiendo menos y saltearse comidas en nombre de mayor eficacia y productividad. Eso simplemente no es verdad. Pueden hacer esto por un período muy breve, pero tendrá consecuencias. Se enfermarán, se agotarán o se deprimirán, lo que dolerá aún más que el pequeño beneficio que pensaban que estaban obteniendo.

Usted es el único que puede tener el impacto que quiere. Debe cuidarse a sí mismo.

Según un artículo de *Business Insider*, los salarios alcanzan el máximo a los 48 años, la satisfacción con la vida alcanza el máximo a los 69 y el bienestar psicológico a los 82.[5] Lo que es interesante es que sus últimos años, desde los 50 en adelante, es también cuando la mayoría de las personas eligen retirarse, dejar el mundo de los negocios o no pueden seguir por motivos de salud. El estilo de vida que vivió a los veinte, treinta o cuarenta tendrá consecuencias para usted a medida que envejece.

Es una pena cuando grandes personas simplemente no tienen la energía para desempeñarse u ocuparse de sus nietos o usar toda su sabiduría y conexiones al entrar en la tercera edad. Tienen tanto para ofrecer. Es como un pozo de agua pura y refrescante que hay perdido el balde y la soga.

Si quiere tener más energía, es muy simple.

- **Coma bien.** Nos inundan constantemente con información sobre dietas. Todos conocemos a alguien que tiene una dieta a base de plantas o una dieta cetogénica, que está probando el ayuno intermitente, que está reduciendo el consumo de azúcar, que participa en programas de pérdida de peso o que prueba alguna dieta de moda. Esto es lo que yo hago. Elijo agua como mi bebida preferida. No bebo alcohol. Llevo una dieta principalmente vegetariana. Elijo porciones más pequeñas en las comidas, pero también me gusta lo dulce y me encantan los postres. He llegado a la conclusión de que la moderación y la disciplina durante la mayor parte del tiempo han funcionado bien. La idea es ser intencionado y seguir haciendo lo mejor posible. También ayuda contar con el apoyo de amigos y familiares, ya que puede ser difícil tener disciplina si está rodeado de personas que no comparten su mismo enfoque.
- **Duerma para recuperarse.** Dormir es fundamental, y su cuerpo y cerebro necesitan recuperarse. Según Mayo Clinic, los adultos sanos necesitan de siete a nueve horas de sueño por noche.[6] En la División de Medicina del Sueño de la Escuela de Medicina de Harvard, los científicos han descubierto que el sueño tiene un rol crítico en la función inmunitaria, el metabolismo, la memoria, el aprendizaje y las funciones vitales.[7] No hay nada heroico en quedarse trabajando hasta tarde por la noche y privarse del sueño. En la encuesta interna de LeaderImpact que se les realizó internamente a más de 500 líderes de todo el mundo, el 55 por ciento de los encuestados tenía un sueño adecuado a insuficiente (menos de seis a siete

horas). Termina pagando la falta de sueño con un mal desempeño o enfermándose. Cuando se trata de su cuerpo, piense a largo plazo.

- **Disfrute del ejercicio.** Todos sabemos que necesitamos hacer ejercicio, pero muchos de nosotros no realizamos lo suficiente. El ejercicio puede ser una tarea ardua para muchas personas. Es difícil encontrar tiempo en agendas ocupadas o encontrar la motivación. Los beneficios del ejercicio son enormes.

- **Controlar el peso.** Es excelente para prevenir enfermedades (especialmente las relacionadas con el corazón), mejora el estado de ánimo y combate la ansiedad y la depresión; se dice que ayuda a tener una mejor vida sexual y, lo que es más importante, aumenta su energía. Un buen objetivo es estar activo al menos cinco días a la semana, pero haga que sea divertido. Combine el tiempo con su pareja con el ejercicio. Vayan a caminar juntos, naden o tomen clases de tenis. Retome un deporte con amigos. Dejé de jugar al fútbol durante quince años, pero volví a jugar con un grupo de hombres, y ha sido genial tanto física como socialmente. Empiece a correr o a andar en bicicleta, que ahora es el nuevo golf. Tal vez incluso disfrute estar en shorts de Lycra. Como anima el famoso eslogan de Nike: "Simplemente hazlo".

- **Sonría.** Esto puede sonar extraño, pero escúcheme. Según un artículo de la Dra. Earlexia Norwood, sonreír ayuda a nuestros cuerpos a liberar cortisol y endorfinas que reducen la presión sanguínea, aumentan la resistencia, reducen el dolor, reducen el estrés y mejoran nuestros sistemas inmunitarios.[8] Las personas que sonríen son más accesibles, lo que ayuda a desarrollar relaciones que, a su vez, se usan para tener influencia e impacto en los demás. Si quiere ser un líder que tiene impacto, sea una persona que sonríe. Una disposición positiva genera más energía.

ENCONTRAR TIEMPO

Bill Gates es un maestro del manejo del tiempo y nunca llega tarde a las reuniones. Como dice acerca del tiempo: "Es lo único que no puedes comprar más". Trabajo en una industria que requiere que lleve un control de mi tiempo. Tengo cada quince o treinta minutos planificados para cada día de la semana: sí, cada día incluidos los fines de semana. Hay porciones más grandes bloqueadas de los fines de semana, como ir a esquiar o pasar una noche de juegos con la familia, pero la disciplina está bien arraigada. También dejo tiempo en los márgenes o áreas de tiempo que bloqueo como no planificadas, pero es poco frecuente.

El tiempo es un área importante en mi vida que trato de controlar obsesivamente. No sabemos cuánto tiempo nos queda, y quiero asegurarme de maximizarlo.

Según su nivel de liderazgo y el tamaño de las organizaciones que lidera, nunca hay suficiente tiempo. Sus días están llenas de reuniones, más personas requieren su atención sobre distintas cuestiones y hay muchas decisiones que tomar. Saber qué reuniones o proyectos o prioridades son más importantes es una tarea difícil, y es por eso que controlar su tiempo es tan importante y no puede darse el lujo de desperdiciarlo o dejar que otros lo desperdicien. Estas son cuatro claves que otros líderes que conozco y yo usamos para administrar el tiempo:

- **Levántese temprano.** Las primeras horas de la mañana antes de que se despierten los demás son su momento. Me levanto a las 5:30 a. m. la mayoría de los días durante la semana. Esta es una gran oportunidad para hacer ejercicio, planificar el día, escribir y, en mi caso, rezar y leer la Biblia. La mayoría de los líderes exitosos que conozco son personas mañaneras y se levantan incluso más temprano. Esto significa que me voy a dormir a las 10 p. m. porque dormir es clave.
- **Programe todo.** Como dije antes, conviértase en un maestro de programar todo. Sí, todo. Usted es el capitán de su calendario, y

el tiempo es su recurso. Encárguese de asegurarse de que todo lo que esté allí sea importante. Cada domingo por la noche, miro mi calendario, reviso mis prioridades y planilla de anotaciones de la compañía y planifico la semana. Quiero asegurarme de no distraerme con reuniones o actividades que no son necesarias o que podría delegar a otras personas. Hay muchas cosas que uno puede hacer, pero no significa que debería hacerlas todas.

- **Mantenga las reuniones cortas.** Las organizaciones y los líderes con disciplina saben cómo administrar y controlar los tiempos de reuniones.

- **Odio las reuniones largas.** Las reuniones de pie de quince minutos o las reuniones de treinta minutos son lo normal. Rara vez tengo reuniones que duran más que eso. En mi experiencia, las reuniones son como el agua; ocuparán la cantidad de espacio que se les da. Haga que lo normal sea que sean más cortas, y si necesita más tiempo, extiéndalas. Le garantizo que encontrará tiempo en su calendario y podrá realizar más cosas.

- **Complete las tareas más rápido.** Al empezar a llevar un seguimiento del tiempo y programar todo, comenzará a ser más rápido en las tareas. Los buenos líderes que completan muchas tareas trabajan con un sentido de urgencia y de ritmo. Les dan su total atención a las personas pero luego atacan sus tareas para completarlas bien. Envíe ese correo electrónico inmediatamente cuando sepa que puede hacerlo. Camine un poco más rápido. Tenga más claro sus objetivos, expectativas y cuánto tiempo tiene. Esto puede sonar un poco exagerado, pero para ser un líder de impacto, no se puede dar el lujo de desperdiciar tiempo. Uno de los vendedores más exitosos de las compañías de tecnología es Basil Peters. Es un maestro del tiempo. Su compañía, Strategic Exits, fue cliente nuestro, y nuestras reuniones con él duraban entre diez y quince minutos cuando, con otros clientes, la misma reunión duraba una hora o más. Es amable pero directo. Estableció la expectativa de reuniones cortas y breves al comienzo de nuestra relación de trabajo. Te deja saber cuánto tiempo tiene para la reunión y es muy claro y directo con sus respuestas. Es increíble cómo mi equipo se adaptó y mantiene las reuniones breves.

EL DR. DINDI HACE ESTO BIEN

Conocí al Dr. Keith Dindi en una reunión de LeaderImpact en Manila, Filipinas. Era imposible no notarlo. Su enorme sonrisa blanca brilla en cualquier habitación resaltando contra su tez negra.

Keith es un cirujano cardíaco en Kenya, posee algunos negocios en Nairobi y ha sido voluntario en LeaderImpact durante varios años, influenciando líderes en su país. Tiene tres hijos, y su esposa, Esther, que también es médica internista, es una gran *influencer* en las redes sociales con su cuenta Doctor Fitness. Mi esposa todavía está asombrada de sus abdominales.

Como se puede imaginar, Keith no tiene demasiado tiempo. Cuando me describe su vida, me pregunto sobre todo el tiempo libre que tengo y que no creía que tenía. Entre las demandas del hospital, sus negocios, sus actividades como voluntario y su familia, no queda mucho tiempo.

"¿Cómo hace para tener tiempo para todo y mantener su vida en camino?", le pregunté.

"No es fácil, pero pienso en tres cosas que me ayudan: elefantes, pájaros y camaleones", dijo.

"¿Qué? Es la respuesta más extraña que escuché sobre este tema. ¿Qué quieres decir?", pregunté.

Comenzó a reírse, pero luego explicó su profunda sabiduría. "Comienza con elefantes porque son enormes. No puedes no verlos.

Cuando comienzo mi día, me pregunto: ¿Cuál es el elefante en la sala? ¿Qué es lo que sé que tengo que hacer, pero no tengo ganas de hacerlo o se siente abrumador? Eso es lo primero que ataco a primera hora de la mañana porque tienes el descanso y la energía para hacerlo".

"Lo siguiente son los pájaros. Los pájaros son criaturas de hábito. Tengo uno que canta junto a mi ventana cada mañana a las 6 a. m. Sus rutinas diarias son fundamentales, ya que mantienen a la mente, el cuerpo y el alma funcionando sin sobresaltos. Mi rutina es el llamado a despertar de las 6 a. m.

Tengo una devoción matutina en la que paso tiempo hablando con Dios y leyendo la Biblia, hago ejercicio durante treinta minutos y luego tengo una llamada temprana con mis gerentes comerciales. Trato de mantener esta rutina a menos que mi elefante del día sea demasiado enorme, en cuyo caso me ocupo del elefante.

"Por último están los camaleones. Estos reptiles se adaptan a su entorno y están siempre cambiando: es la criatura más creativa. En mi experiencia, la creatividad y el pensamiento son el arma secreta de un líder. Me parece que soy más creativo tarde por la noche. Antes de irme a dormir, suelo escribir ideas, pensamientos o conceptos creativos que se me vienen a la mente. Este es el momento en el que me pregunto cómo puedo adaptarme al mundo siempre cambiante que me rodea o cómo puedo motivar mejor a mis equipos. Es en este momento en que me inspiro o tengo ideas para mis pinturas".

"¿También tienes tiempo para pintar?", le pregunté sin poder creerlo.

"A veces, pero no con la frecuencia que me gustaría. Todos necesitamos medios de expresión creativa para nuestra mente y talentos", dijo. "Pero lo que marca la diferencia es cómo priorizo a mis elefantes, pájaros y camaleones".

Continuó. "Todo se trata de las relaciones. Mi primera relación es con Dios. En mi línea de trabajo, Dios es el que me mantiene con los pies sobre la tierra y cuerdo. Además de mi tiempo con él por la mañana, me encuentro susurrando plegarias durante todo el día, y luego comienzo cada operación con una oración. La siguiente relación más importante es mi esposa. Compartimos muchos intereses comunes juntos, y porque es médica, entiende mi mundo y las frustraciones que puedo tener al tratar con enfermos. Mis hijos son lo siguiente más importante, y me mantienen realmente con los pies sobre la tierra. Para ellos, solo soy papá. Los amo y los consiento más que lo que le gustaría a mi esposa, pero siempre trato de desarrollar los talentos y propósitos de mi familia. Es ahí donde tendré el mayor impacto".

¡Yo no lo podría haber dicho mejor!

Es renovador y motivador estar con líderes que entienden el impacto en sus Vidas Personales. Todos nosotros podemos liderar en esta área también. Solo se necesita tiempo y atención. También verá el mayor impacto en esta área durante su vida que en cualquier otra área. Es así de importante.

CLAVES PARA RECORDAR

Si quiere que su Vida Personal sea fuerte, necesita sobresalir en sus relaciones. Para hacer eso bien, tendrá que recordar lo siguiente:

1. **Mantenga el final en mente.** ¿Cómo será su funeral u homenaje? ¿Quién asistirá? ¿Qué legado dejará? Haga que esta imagen alimente su motivación a medida que se convierta en una mejor persona y líder.
2. **El tiempo pasa rápido, y la vida es corta.** Nadie sabe cuándo se terminará su tiempo, así que mejor usemos las oportunidades que hemos recibido e invirtamos en las relaciones que importan.

3. **Enfóquese en las relaciones en su vida.** Comience en su hogar y extiéndase desde allí con intención, claridad y acción que ayuda a los demás a alcanzar su propósito.

4. **Encuentre los recursos adecuados.** Cuenta con recursos personales finitos en cuanto a tiempo, energía y atención. Es importante dirigirlos a las áreas que importan.

5. **Tenga menos compromisos.** Lo liberará para ser más intencionado y eficaz si se concentra.

6. **Manténgase lleno de energía.** Cuide de su máquina personal con mejores hábitos alimentarios, sueño adecuado, ejercicio y sonrisas. Se sentirá bien verse bien por dentro y por fuera.

7. **Encuentre tiempo.** El tiempo es un recurso finito, así que conviértase en el capitán de su calendario y levántese temprano, programe todo, haga que las reuniones sean más cortas y aumente el ritmo. No está haciéndose más joven, y el mundo necesita que tenga un impacto.

Aproveche sus elefantes, pájaros y camaleones. Como mencionó el Dr. Dindi, ocúpese de su elefante en la sala primero, establezca una rutina diaria efectiva como un pájaro y encuentre su medio de expresión creativa como un camaleón.

Dé como mi tío Bob. No le dé al mundo algo que quiere; dele lo que necesita para marcar una verdadera diferencia. El regalo es usted, su tiempo y su atención, y comienza con los más cercanos a usted.

CAPÍTULO 7

SU YO EXTERNO

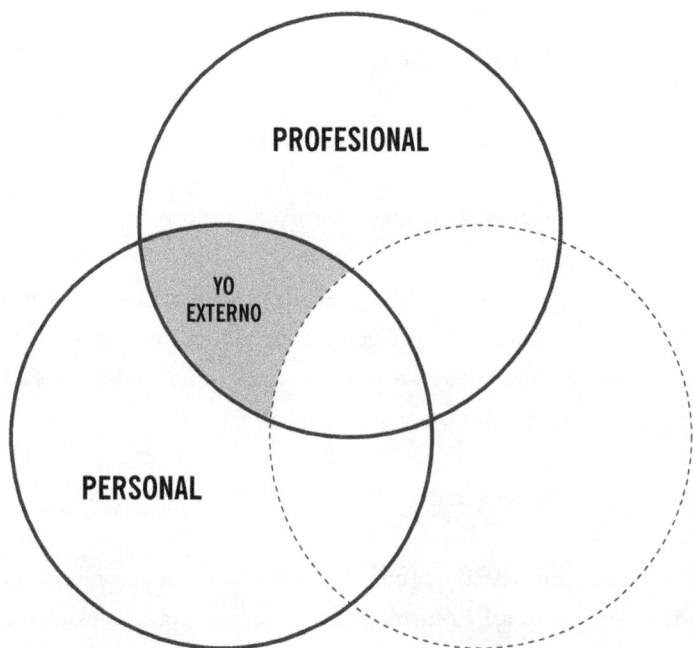

Si combina su Vida Profesional con su Vida Personal, verá su Yo Externo. El Yo Externo es su imagen. Es lo que todos ven y lo que usted quiere que vean.

Es cómo el mundo lo percibe y la identidad que usted construye, protege o forma. Los problemas en esta área comienzan a ocurrir cuando quiénes somos no siempre es lo que queremos que otros vean.

Crecí en una época en la que solo teníamos un teléfono en casa. Lo sé, la Edad Media. Era un momento monumental cuando teníamos una llamada en espera. Incluso recuerdo cuando mi amigo consiguió una pequeña caja que se conectaba al cable del teléfono para identificar las llamadas. Alucinante. Cuando atendía el teléfono en mi casa, muchas personas que llamaban creían que era mi hermana mayor. Era humillante.

"Hola, ¿habla Marnie?", decían.

"No, no habla Marnie. Soy Braden", respondía.

"Oh, lo siento. Suenas igual que tu hermana", me decían.

No hay nada peor para un chico preadolescente que ya se siente incómodo con los cambios de voz que ser confundido por su hermana. Así que durante unos dos años, cada vez que atendía el teléfono, decía hola con la voz más profunda que podía.

Ahora que lo pienso, sonaba ridículo.

Me gustaría poder decir que con el tiempo abandoné esta fase de aparentar, pero no fue así. Recuerdo ponerme la camiseta de hockey AAA de mi mejor amigo, Matt Reid, cuando asistí a un campamento de verano de hockey. Siempre fue más grande físicamente que yo, y me daba muchos de sus viejos equipos y vestimenta que ya no le quedaba. Nunca llegué a AAA. Era un chico nuevo y quería que los jugadores en ese campamento de verano pensaran que era mejor jugador de lo que en verdad era. Me dio un poco de arrogancia al ponérmela.

Todo iba bien hasta que uno de los jugadores del equipo AAA de mi amigo vino al campamento un día y se dio cuenta de que la estaba usando.

"Oye, Douglas, ¿por qué estás usando nuestra camiseta?" Atrapado. Ese fue un momento incómodo.

Estas pequeñas cosas no se detuvieron en mi adolescencia tampoco. Se mantuvieron hasta mi vida adulta. Tenía 27 años cuando comencé mi compañía, y asesoraba y trabajaba con adultos mucho mayores en sus empresas. Me veía joven, además, lo que me beneficiaría cuando tuviera 70 años, pero lo veía como una desventaja cuando comenzaba.

Cuando los clientes preguntaban: "¿Entonces cuántos años tienes?", mentía. "Treinta y tanto".

A medida que me hacía mayor, la edad que les decía parecía incrementarse.

Mi inseguridad me impulsaba a dar una impresión e imagen deseable a los demás. He madurado y abandonado esto, pero a veces siento la necesidad de hacerme parecer mejor, especialmente cuando estoy en la sala con personas consumadas.

SIEMPRE ALERTA

Manejar una imagen ideal para el mundo es una habilidad que desarrollan los líderes. Los líderes siempre están alerta. Nuestros días están llenos de reuniones, pedidos y decisiones importantes que deben tomarse. Tenemos presiones de cumplir con plazos de entrega, hacer un trato, vender un activo, pagar salarios y mantenerse al frente del mercado o de la competencia. Sus empleados, proveedores, clientes y familiares acuden a usted, y usted debe parecer estar en control, por lo que es cuidadoso con las palabras que dice y la información que divulga.

A muchos líderes les cuesta hacer amigos porque no tienen tiempo o no encuentran mucho en común con otras personas que no sea el negocio. Estar siempre alerta y estar a la altura de una imagen que usted quiere presentar al mundo es agotador. Lo que es peor es que se puede convertir en algo tan normal que se olvida de cómo es ser usted mismo. Esta postura y preservación de imagen es la razón por la que creo que a los líderes les cuesta ser auténticos y vulnerables.

Es extremadamente evidente cuando lidero grupos de LeaderImpact. Recientemente comencé un grupo de LeaderImpact con unos quince emprendedores que se reúnen en nuestras oficinas cada viernes por medio. Algunos de ellos se conocían de diversas actividades en la comunidad, de negocios o de la iglesia, pero muchos se veían por primera vez. Empecé la reunión del grupo haciendo que cada uno dijera su nombre y empresa y respondiera las tres preguntas:

- ¿Cómo es su Vida Profesional (negocios, trabajo, etc.)?
- ¿Cómo es su Vida Personal (familia, salud, etc.)?
- ¿Cómo es su Vida Espiritual (fe, si tiene, paz, pensamientos)?

Sin falta, todos siempre dicen que están bien en todas las áreas de sus vidas. Es increíble. He estado liderando grupos durante casi doce años, y es igual cada vez que comenzamos. Incluso después de que menciono que la confidencialidad es un valor central del grupo y que lo que se dice en el grupo se queda en el grupo. Todo sigue siendo fantástico. O soy muy bueno atrayendo a los mejores líderes o todos están distorsionando la verdad en cierta medida.

Lo entiendo. Nadie quiere ser esa persona que habla sobre sus problemas con un grupo de líderes a los que acaba de conocer.

Es incómodo. Pero refuerza la tendencia de los líderes de dar una imagen y mantenerla. Los líderes quieren ser conocidos como ganadores incluso si están perdiendo por el momento. Sin embargo, el desarrollo y la mejora del carácter solo se consiguen cuando somos reales, vemos nuestras propias fallas y no nos importa que otros en los que confiamos también las vean. Esta es la razón para la Evaluación de LeaderImpact. Necesita reconocer las áreas de su vida que necesitan abordarse para convertirse en un líder de impacto.

Tengo un amigo que es una gran persona con un buen negocio, y parecía tener un matrimonio increíble. Pero un día, me anunció: "Braden, mi matrimonio ha estado terrible durante años, y estoy considerando un divorcio".

"¿Qué?", le dije mirándolo estupefacto. "Creo que se terminó", continuó.

Por suerte, él y su esposa están intentando arreglar su matrimonio ahora. Me siento mal por él. Me consideraba un amigo cercano pero se sentía tan avergonzado por estar teniendo dificultades y no quería que yo u otras personas pensaran que era un fracasado o que tenía un mal matrimonio.

Aunque este es un libro sobre liderazgo, quiero que se olvide de ser un líder. Concéntrese en ser una persona a la que valga la pena seguir. Como mencioné en el capítulo 4, el impacto se trata más sobre *quién* es usted que sobre *qué* hace. Una persona a la que vale la pena seguir sabe quién es y por qué está liderando y lo invita e inspira a hacer lo mismo.

El orgullo está en la raíz de querer sostener una imagen y lo mantiene siempre en el modo alerta. Dar una imagen que no coincide con su verdadero yo se volverá más egoísta con el tiempo.

Comenzará a ver todo desde su propia perspectiva y le importará más lo que usted quiere, sus objetivos o sus sueños que los demás, y eso es lo opuesto al impacto.

EL JARDINERO Y EL CRIADOR DE CABALLOS

Una de mis historias favoritas que revela el orgullo sin control e del libro de Tim Keller, *The Prodigal God* [El Dios pródigo].[9]

Había una vez un jardinero que cultivó una enorme zanahoria. Entonces fue al palacio y le dijo al rey: "Mi señor, soy jardinero, y esta es la zanahoria más grande que haya cultivado y espero cultivar. Por lo tanto, se la presento como señal de mi amor y mi respeto."

El rey se sintió conmovido y percibió el corazón del hombre. Le dijo: "Tengo un campo que se encuentra junto al suyo. Le daré este campo para que pueda cultivarlo junto con el suyo".

El jardinero se fue a su casa con alegría.

Un noble de la corte escuchó esto y pensó: *¡Un campo por una zanahoria!* Así que, al día siguiente, fue al rey con un magnífico semental. "Crío caballos", dijo, "y este es el mejor caballo que haya criado o que criaré, por lo que se lo presento como señal de mi amor y respeto".

El rey percibió su corazón y dijo: "Bueno, muchísimas gracias".

El noble no podía esconder su decepción.

Entonces el rey dijo: "Déjeme explicarle: el jardinero me daba la zanahoria, pero usted se estaba dando a usted mismo el caballo".

¿Quién es usted? ¿El jardinero y el criador de caballos? La respuesta inmediata y la respuesta correcta es el jardinero. Sin embargo, cuando leí la historia hace muchos años, me di cuenta de que era el criador de caballos vestido como el jardinero.

CONTROLAR SU MOTIVACIÓN

Quiero que las personas piensen que mis motivaciones son puras. Que soy un hombre bueno que se preocupa por ellos. Al reflexionar sobre mi vida, sí me preocupaba, pero había un egoísmo subyacente para asegurarme de que se cumplieran mis objetivos y mis sueños. Si ayudo a esta persona, me ayudará a mí a cambio. Si soy bueno con las personas y positivo, también serán buenas y me ayudarán a lograr lo que quiero. Es una forma de pensar kármica. Si hago cosas buenas, me volverán cosas buenas.

El problema con esta forma de pensar es que se trata solamente de mí. ¿Qué pasaría si no me pasaran cosas buenas? ¿Dejaría de ser amable, considerado y positivo? El regalo de mi tío Bob, el libro *7 Habits of Highly Successful People* [Los siete hábitos de la gente altamente efectiva], me introdujo al mundo de la autoayuda. Me cambió la vida. Había un impulso positivo que comenzó a producirse porque estaba más consciente de mí mismo e intencionado en mis pensamientos, comportamiento y acciones. Sin embargo, si solo se queda con la conciencia de sí mismo, puede tener también un efecto negativo. La autoayuda pronto se convierte en todo sobre uno mismo.

El impacto en definitiva se trata de los demás. No de usted. Debería querer ayudar a otros a tener éxito porque es lo correcto. Su motivación no debería tratarse de los resultados positivos que vendrán por hacer lo correcto.

Debería ser querer hacer lo correcto porque lo disfruta. Es intrínseco. Hay un entendimiento de la verdad moral que usted apoya, que usted ama, y que lo ayuda a ver a los demás con compasión y empatía.

Sus acciones no deberían estar motivadas por el deber o la estrategia para obtener determinados resultados. He estado alrededor de personas inteligentes que entienden el juego de influencia e intentan manipular resultados para ellos mismos y la organización. Esta es la raíz de la política en una organización. Nadie cree que sus intenciones son malvadas. Tienen buenas intenciones para la organización, pero sus intenciones están enfocadas en ellos mismos. Creen que su forma o su estrategia es la mejor.

Contraté a alguien que era un estratega emocional. Estaba en mi equipo ejecutivo y era un hombre inescrupuloso. No conocía el alcance de su estrategia hasta que un día, en una reunión con él, comenzó a hablar sobre que quería que alguien en la organización hiciera lo que él quería. Describió un plan para ganarse la confianza de esa persona, plantar la idea como si fuera de esa persona y motivarla con un ascenso para lograrlo. Para muchas personas, hubiera sonado como un plan fantástico. En su mente, estaba siendo un buen ejecutivo y haciendo lo mejor para la compañía. Para mí, era una manipulación cruel. Ponía las necesidades de la compañía por encima de las personas. También me hizo darme cuenta de que no podía confiar en esta persona. En muchas organizaciones, uno tiene que aprender a trabajar con personas como esta, pero yo no. Lo despedí, lo cual resultó costoso. Una cultura de confianza es más importante a largo plazo que los resultados a corto plazo.

CREENCIAS CENTRALES

Poseer motivaciones altruistas para el beneficio de los demás no es natural.

Si tiene hijos, verá de primera mano que somos naturalmente egoístas. Todavía recuerdo a mi hijo empujando a su hermana bebé y agarrando el juguete con el que ella estaba jugando. Esto era algo que pasaba prácticamente cada día a pesar de los increíbles discursos motivacionales que le dábamos.

La motivación se deriva de lo que es importante. Lo que es importante para usted y para mí se trata de lo que valoramos. ¿Vale la pena pasar un poco menos de tiempo en casa para ganar más dinero? ¿Una casa más grande vale la presión económica adicional? ¿Vale la pena dañar una relación por hacer un trato? ¿Salir con amigos es una mejor opción que tener una cita con tu esposa? Estas situaciones no son correctas o incorrectas. Tampoco involucran violar la ley ni constituyen problemas legales; se tratan de lo que uno valora. La pregunta que se tiene que hacer a sí mismo es: ¿Por qué valora algo?

La motivación que apoya sus valores dirige su comportamiento y las decisiones que toma. En definitiva, lo que usted valora se origina en sus creencias centrales. Por ejemplo, si usted cree que la vida se trata de avanzar y maximizar su bienestar, se enfocará en esos resultados. Si usted cree que necesita vivir y gastar dinero inteligentemente, ahorrará, tomará menos riesgos y hará decisiones diferentes a alguien que considera que el dinero es solo una herramienta para construir la mejor vida. ¿Cuáles son sus creencias centrales? ¿De dónde vinieron? ¿Se basan en la religión, en lo que sus padres le enseñaron o es simplemente una colección de creencias que ha obtenido durante su vida?

Mi amigo Jeremy Laidlaw es un gran ejemplo de un líder con motivaciones puras y creencias centrales fuertes. Conocí a Jeremy en la universidad cuando trabajaba en el departamento de atletismo, actualizando, desarrollando y manteniendo los sitios web del departamento de atletismo.

Él también estaba en el programa de administración de empresas, y teníamos un amigo en común, Stu, que estaba en el equipo de fútbol universitario conmigo. Jeremy se autodenomina como *nerd*. No lo oculta ni rehúye de ese título, y con él, lo que ves es lo que obtienes. Comenzó su propia compañía de software y web poco después de obtener su título y ha tenido bastante éxito. Sin embargo, lo que realmente lo diferencia del resto son sus fuertes creencias centrales. Incluso cuando tenía poco más de veinte años, se concentraba en ayudar a los demás, decir la verdad, trabajar duro y ser moralmente honesto. Podía ser un poco tenso e inflexible por momentos, pero uno nunca dudaba de sus intenciones, motivación o carácter.

Nunca nadie tenía un problema con Jeremy. Tuvo un impacto en las personas durante todo su tiempo en la universidad que todavía resuena allí. Las creencias centrales de Jeremy provenían de su visión cristiana del mundo. No era cristiano en la universidad, pero lo admiraba por ser auténtico y verdadero a su Yo Externo. Sigue siendo el mismo hombre hoy en día.

CLAVES PARA RECORDAR

Controlar su Yo Externo es una habilidad que muchos líderes y ejecutivos han dominado. Puede ser positivo y efectivo, pero también tiene una motivación egoísta que puede ser muy negativa. Al pensar en su Yo Externo en el contexto de impacto, recuerde lo siguiente:

1. **¿Qué lo motiva?** Cuando se enfrenta a una situación en la que quiere embellecer o agrandar la verdad o dar una mejor imagen de sí mismo, piense en lo que lo motiva. ¿Por qué siente el impulso de hacer esto? ¿Lo vale? Casi nunca lo vale, y ser usted mismo y ser auténtico siempre será mejor a largo plazo.
2. **Sea el agricultor de zanahorias.** Sea más simple en su enfoque hacia las personas y la vida y encuentre alegría en lo que hace.

Pensar en los demás, ser generoso y celebrar éxitos es una buena manera de construir una identidad externa.

3. **Encuentre sus creencias centrales.** Cada palabra que dice y cada acción que toma surgen de sus creencias centrales. Si quiere más sabiduría y si quiere que sus acciones den mejores resultados en su vida, examine las creencias y valores que lo han formado. Es una base para una identidad duradera.

4. La presión para llevar a cabo o proyectar una determinada imagen como líder puede ser abrumadora. Pero quiero recordarle que no hay nadie más en todo el mundo como usted. Nadie tiene sus habilidades, sus experiencias, su mente o sus relaciones. Todo lo que ha logrado o en lo que ha fallado lo ha llevado a este punto en su vida. Este es la persona que usted es. La autenticidad importa, la motivación importa, su entrega total (con facilidad y de manera altruista, como el agricultor de zanahorias) importa. No hay necesidad de pretender ser una persona que no es, incluso si está frustrado con el lugar en el que está en este momento, ya que solo podrá seguir mejorando. Usted puede ser y será un líder de impacto. Puede estar seguro de que siempre será una obra en progreso, pero puede tener un impacto incluso con defectos.

CAPÍTULO 8

VIDA ESPIRITUAL

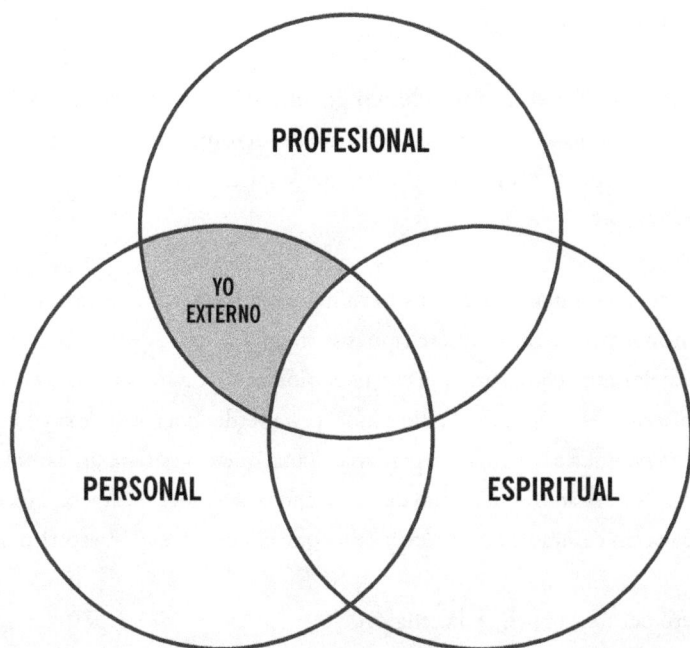

Me senté en la cama en mi pequeña habitación mirando al espejo que se encontraba sobre el vestidor. Mire mi reflejo y vi las lágrimas que rodaban por mis mejillas. Ese fue mi llamado a despertar.

"Este no soy yo. ¿Qué está pasando?", me dije a mí mismo. "Cálmate, Braden." Pero no podía evitarlo. Seguía llorando.

Estaba repasando las decisiones que había tomado durante toda mi vida. La determinación de obtener buenas calificaciones, tener popularidad, participar en actividades que se verían bien en mi CV, elegir el mejor programa de estudios en la universidad que llevaría al mejor trabajo y elegir el trabajo mejor pago. La motivación para la gran mayoría de las cosas que hice eran los logros. Ser el mejor y ser alguien significativo. Lo mejor era que estaba haciendo lo que me había planteado hacer.

Y era superficial. Era un charco gigante viviente. ¿Alguna vez ha visto y ha pisado un charco gigante? Miden una milla de ancho y una pulgada de profundidad y a nadie le gusta estar en él después de un tiempo.

Conocía a muchas personas pero no tenía relaciones cercanas. Mi enfoque para la toma de decisiones se trataba siempre de mí y buscaba la mejor estrategia para que cada decisión me ayudara a alcanzar mis objetivos. Por supuesto, nadie conocía esta verdadera naturaleza en mí, pero pensaba así, y no era agradable. Sabía que necesitaba un cambio real. No era solo un cambio de actividades, acciones o carrera. Necesitaba un cambio de corazón, y sabía que era una cuestión espiritual.

Pero odiaba la iglesia y la religión.

Crecí yendo a la iglesia con mis padres. Las misas eran extremadamente aburridas; no tenía nada en común con los niños que estaban allí, y sentía que la fe no tenía ninguna ventaja verdadera, excepto que les daba esperanza a las personas mezquinas de que habría algo más después de la muerte. Mi padres eran cristianos muy creyentes y siempre esperaron que yo encontrara lo que ellos habían encontrado.

Y ahora aquí estaba, muchos años después, sentado en la cama, mirando cómo me desmoronaba.

Abrí el cajón de mi mesita de luz y saqué la Biblia que mi mamá había puesto allí cuando me ayudó a mudarme. Seguía como nueva.

Comencé a leer el evangelio de Lucas y a buscar todas las partes que tenían letras de color rojo. Algunas Biblias destacan en rojo las partes en las que hablaba Jesús para poder encontrar sus palabras con mayor facilidad.

Jesús estaba haciendo todos estos milagros por todos los pueblos y aldeas de Israel y enseñándoles a las personas cómo conocer a Dios. Multitudes de personas lo seguían y querían estar con él. Era la celebridad máxima de la época. Pero luego hace algo profundo y le pregunta a la multitud algo que eventualmente cambiaría también mi vida.

Si quieren ser mis seguidores, deben abandonar su camino, tomar su cruz y seguirme. Si intentan aferrarse a su vida, la perderán. Pero si abandonan sus vidas por mí, la salvarán. ¿Y en qué se benefician si ganan todo el mundo pero pierden su alma? ¿Hay algo que valga más que su alma?[10]

Jesús no quería multitudes ni fama. Nunca le pidió a nadie que simplemente creyera en él tampoco. Su enfoque estaba en los seguidores.

"Vaya", exclamé y tiré la Biblia sobre la cama como si hubiera saltado y me hubiera mordido. No me gustaba leer lo que decía Jesús porque quería que mi vida fuera solo mía, pero me di cuenta que no lo era de todas formas.

Durante los siguientes días, seguí pensando en ello. ¿Qué es un seguidor? ¿A quién estoy siguiendo? ¿A qué le estoy dando mi vida?

Necesitaba respuestas pero realmente no quería ir a la iglesia.

Hoy, hay tantos recursos en línea para explorar e investigar, pero a principios de la década de los 2000, no había nada tan bueno. Pero sí vi algo que me llamó la atención. Había una nueva iglesia en mi área llamada Meeting House que tenía una buena imagen, lo que me gustó como experto en marketing. Pero lo que me convenció era su eslogan: "Una iglesia para personas a las que no les gusta ir a la iglesia". Perfecto; ese soy yo.

Durante los siguientes meses, me presenté cada semana. El pastor que enseñaba era un hombre llamado Bruxy Cavey, un comunicador inteligente de pelo largo con un sentido del humor agudo y que amaba Star Wars. Me hacía acordar a una versión regordeta de cómo me imaginaba que se veía Jesús.

Hice muchas preguntas. Si iba a seguir a una figura histórica de hace dos mil años, era mejor que estuviera seguro de ello. Definitivamente no quería que me consideraran dentro de la categoría de cristianos locos que juré que nunca sería.

Después de pasar las respuestas predefinidas y los clichés, finalmente pude sintetizar la esencia de la cristiandad en una palabra: amor.

Dios es amor. Y su deseo para nosotros es amarlo y amar a los demás.

Las historias, las reglas y los mandamientos están todos diseñados para ayudar a guiarnos hacia una vida de amor. El sacrificio de Jesús en la cruz por nuestros pecados fue por amor. Cuando se reunió con sus discípulos por última vez antes de morir, les dio un mandamiento final: "Ámense los unos a los otros, como yo los he amado. Nadie tiene mayor amor que el que da su vida por sus amigos."[11]

Incluso los Beatles reforzarían esta idea de que "todo lo que necesitas es amor".

Aunque estoy seguro de que su definición sería diferente.

En algún punto, tuve que probar con el amor y tomar la decisión de amar a Dios y seguir a Jesús sin conocer todos los datos o detalles. Es por eso que lo llaman fe. Se trata de la confianza.

Mientras conducía a casa después de pasar un tiempo con algunos de los amigos que conocí en la iglesia, dije en voz alta: "Jesús, creo en ti. Me apena haber vivido para mí todos estos años. Ayúdame a seguirte con mi vida entera". Eso fue todo. No le cayó un rayo al auto. No tuve una experiencia extracorporal. Solo sentía paz y una concentración renovada en el cambio. Se sentía como un nuevo comienzo para mí, y me inició en un camino que, de verdad, cambiaría mi vida.

Durante una conferencia de la Organización de Líderes Empresariales en Winnipeg, Ray Pennings, el Vicepresidente Ejecutivo de Cardus Group, presentó los resultados de un estudio religioso de 2019 que su empresa y la empresa de investigación, Angus Reid, habían encargado en 2019. En este estudio, encontraron que el 67 por ciento de los adultos canadienses cree que Dios es real. Pero solo el 16 por ciento asiste a un servicio religioso (es decir, a la iglesia) y solo el 14 por ciento lee un texto religioso (es decir, la Biblia). Mi intuición me dice que estas estadísticas serían similares en el mundo, especialmente en lugares con una historia colonial británica o europea. Esto me dice que a las personas les gusta la idea de Dios, e incluso les puede gustar las enseñanzas de Jesús, pero no lo están siguiendo.

No conozco su postura sobre este tema de Dios y Jesús, pero yo personalmente creo que es importante entenderlo, ya que se relaciona con el impacto.

¿POR QUÉ ES IMPORTANTE LA VIDA ESPIRITUAL PARA EL IMPACTO?

Todos tienen una Vida Espiritual. Se trata de lo que uno cree y lo que valora. En el caso de muchas personas, su Vida Espiritual está relacionada con un poder superior o religión. Otros se criaron en un hogar no religioso y, en cambio, usan las leyes y las normas de su sociedad como guía espiritual. Muchas de las personas con las que hablo actualmente tienen una mezcla de creencias, como un cóctel moral, que es único de ellos y se ajusta a la vida que quieren. Una vida espiritual define la moralidad y ha definido las leyes morales para las sociedades durante miles de años.

Escúcheme. No necesita ser una persona religiosa o tener devoción por Dios para tener impacto. Estos son ejemplos de buenos líderes que han tenido un impacto duradero sobre los demás sin una Vida Espiritual religiosa. Sin embargo, creo que los líderes que tienen un impacto sin una Vida Espiritual definida son poco frecuentes. El mundo necesita más líderes de impacto. Una fuerte Vida Espiritual con una base comprobada que esté conectada con el creador del universo, que es amor, es una base bastante sólida para comenzar un movimiento que cambiará al mundo.

En la superficie y en nuestra cultura consumista, el enfoque de cóctel moral hacia una Vida Espiritual y vivir según las leyes parece ideal. Pero, ¿quién determina lo que es moralmente correcto e incorrecto? Lo que es correcto para usted puede no ser correcto para mí, entonces, ¿cómo creamos una base en común?

En los países democráticos, el parido con la mayoría de los votos decide las leyes. ¿La mayoría de las personas siempre está en lo correcto? ¿Va a basar sus creencias en un conjunto de personas que lograron llegar al poder mediante votos debido a su popularidad en una pequeña región?

¿Qué pasa con el perdón? ¿Puede legislar que todas las personas deben perdonar a los demás?

Nosotros sabemos intrínsecamente que los beneficios de perdonar son poderosos para que las personas restauren relaciones y logren armonía con los demás. La restauración en sí es fundamental para toda la sociedad, pero no podemos obligar a las personas a obligar a los demás. Intento obligar a mis hijos a perdonarse entre ellos después de una pelea; me doy cuenta cuándo son sinceros y cuándo no.

¿Qué pasa con la avaricia o el egoísmo? ¿Podemos legislar sobre su deseo de tener más? La mayoría de las economías se construyen sobre la base del consumismo y adquirir cosas que queremos. La forma en la que determina lo que necesita será diferente de la forma de otra persona.

¿Qué pasa con ayudar a los demás y ser generosos? ¿Puede obligar a las personas a tener motivos puros para ayudar a los demás o regalar el dinero que ganaron con su esfuerzo? ¿La compasión es algo que pueda incorporarse en las leyes?

La Vida Espiritual correcta no se trata de las normas a seguir. Algunas personas creen que si siguen las normas y son buenas personas, Dios los bendecirá, y su vida será buena. Eso no es fiel al carácter de Dios. Dios lo ama y quiere que usted lo ame y lo respete a cambio. Si lo ama y cree que tiene sus mejores intereses en el corazón, usted hará lo que él pide. Piense en esto de esta forma: amo a mis hijos y me encanta pasar tiempo con ellos. También tengo normas que ayudan a protegerlos, las cuales ellos tal vez no entiendan o con las que tal vez no estén de acuerdo. Una de nuestras normas es: "Trabajar antes de jugar". Nuestros hijos tienen que hacer sus tareas o trabajos de la escuela antes de poder jugar con sus amigos o usar su teléfono. Odian esta norma. Pero espero que mis hijos no sigan esta norma solamente por miedo al castigo o porque quieren algo de mí. Espero que me amen y obedezcan esta norma porque confían en que sé lo que es mejor para ellos. Tal vez no lo vean hasta que sean mucho más grandes y más maduros, pero su obediencia es un factor de confianza basado en el amor.

Jesús dice que el mandamiento más importante de la Biblia es "ama a Dios con todo tu corazón, con toda tu alma, y con toda tu mente".[12] Y el segundo mandamiento con igual importancia: "Ama a tu prójimo como a ti mismo".[13] Notará que estas son cuestiones del corazón. ¿Realmente ama a Dios y ama a los demás? A muchos líderes les cuesta abandonar lo que quieren para seguir a Dios. Lo entiendo. Es difícil. Pero cuando lo haga, su corazón cambiará. Se volverá una nueva persona y seguirá perfeccionándose con el tiempo. Su nuevo yo será más considerado, compasivo, indulgente y amable con los demás. Esta postura del corazón es lo que se necesita para convertirse en un líder de impacto.

HAGA SU PROPIA INVESTIGACIÓN

Hay personas leyendo este libro que no creen en Dios o no quieren creer en él, y está bien. Todo lo que pido es que haga su investigación y entienda por qué está tomando esa decisión. Si sigue buscando y preguntando y manteniéndose abierto, encontrará las respuestas. Como líder, es lo suficientemente inteligente para tomar una de las decisiones más importantes de su vida. Solo pido que no lo descarte ni tenga la mente cerrada.

Estuve con un líder que me dijo que no creía en Dios porque no le gustaban los cristianos de su pueblo natal. Pensaban que eran farsantes, y también los peores empresarios con los que hace negocios son cristianos. Es verdad. Hay muchas personas que se autodenominan cristianos pero no lo aplican en su vida. Muchos pueden ser intolerantes, con poca visión del futuro, poco inteligentes o malintencionados, pero eso no cambia quién es Dios.

Hay muchas personas que dicen ser jugadores de fútbol, pero cuando los ve jugar, es evidente que son muy malos jugando. Eso no significa que el fútbol es un mal deporte y no debería jugarlo; solo significa que estas personas son una mala representación de lo verdadero. Lo mismo se aplica a los cristianos. Solo porque pueden ser terribles en ello, no significa que Dios no vale la pena.

EVIDENCIA DE UNA VIDA ESPIRITUAL FUERTE

Pablo de Tarso fue el primer cristiano en llevarles el mensaje de Jesús a personas que no eran judíos. La mayor parte del Nuevo Testamento en la Biblia fue escrita por Pablo cuando instruía y ayudaba a estos nuevos cristianos a vivir una Vida Espiritual fuerte. Les dice a través de una carta a los cristianos en Galacia (hoy en día, Turquía) que uno sabrá si tiene una Vida Espiritual fuerte si presenta estas ocho cualidades en su vida.

1. Amor
2. Alegría
3. Paz
4. Paciencia
5. Amabilidad
6. Bondad
7. Mansedumbre
8. Templanza

Estas características se conocen comúnmente como el "fruto del espíritu".[14] Así como reconoce un buen manzano por el sabor, tamaño y belleza de sus manzanas, puede reconocer su Vida Espiritual mediante estas características en su vida.

¿Su vida produce este tipo de fruto?

AMOR

El amor tiene muchos significados en muchísimas culturas. Se define como un sentimiento intenso de afecto profundo. Puede decir que ama a alguien, pero realmente se muestra con acciones. En otra carta a los cristianos, Pablo había necesitado explicar lo que era el amor para ayudar a las personas a entender cómo ser alguien que ama.

El amor es paciente y amable. El amor no es celoso ni presuntuoso ni orgulloso ni irrespetuoso. No demanda su propia forma. No es irritable, y no mantiene registro de haber sido perjudicado. No se alegra con las injusticias pero se alegra siempre que gana la verdad. El amor nunca se rinde, nunca pierde la fe, siempre tiene esperanza y sobrevive a cualquier circunstancia.[15]

Este fragmento suele leerse en bodas, pero creo que se extiende a más que el matrimonio. Es una receta para la vida. Jesús incluso les dijo a sus discípulos que el mundo sabrá que son mis seguidores por la forma en que se aman los unos a los otros. ¿Cómo está demostrando amor en su vida?

ALEGRÍA

La alegría se define como una sensación de gran placer y felicidad, pero creo que esa definición está limitada a una emoción. Perseguir las emociones es como intentar enriquecerse. ¿Cuándo sabe que lo ha logrado? En la evaluación de líderes, el 75 por ciento de los encuestados expresó que querían experimentar más alegría en sus vidas. Ese es un número elevado, pero nuevamente, es probable que se base en las diversas definiciones que existen de la alegría.

Creo que la alegría es una certeza confiada de un resultado positivo. Si es cristiano, sabrá que irá al cielo algún día. Ganó un increíble premio que ni siquiera se merecía.

Fue un regalo gratis debido a lo que dio Jesús: su vida. Ese entendimiento debería llenarlo de emoción positiva que perdura. Es por eso que la alegría no debería cambiar con las circunstancias. Puede ser una persona alegre y estar triste por las circunstancias actuales al mismo tiempo. Como líder, a la gente le gusta estar cerca de personas que son alegres. Es una cualidad atractiva y es necesaria en tiempos de crisis, pérdidas, pandemia y dificultades. La alegría levanta el espíritu de los demás. ¿Qué líder no quiere ser conocido por eso?

PAZ

Pablo era hebreo, y su entendimiento de la paz era diferente de la visión moderna u occidental. Vemos a la paz como la ausencia de conflicto. Sin embargo, para Pablo, paz o "shalom" significa estar seguro en cuerpo, mente o estado, y es por eso que "shalom" se ha usado como saludo. Su significado subyacente es captar un sentido de integridad o plenitud. En esta definición, tendría una ausencia de conflicto, pero también tendría mucho más que impediría que se produjeran conflictos.

Como líder, usted marca las pautas en su cultura de trabajo y hogar. ¿Hay una sensación de paz (integridad, plenitud, satisfacción) en los lugares en los que su liderazgo está presente? Este entorno permite tomar mejores decisiones con una ausencia de políticas y distracciones banales. ¿Otros sentirían la integridad y la paz en su vida o liderazgo?

PACIENCIA

Estoy obsesionado con el tiempo, y me enfoco en los objetivos, por lo que el rasgo de paciencia ha sido difícil para mí. Probablemente sea difícil para muchos líderes, especialmente los de tipo A.

Quiero darle una nueva perspectiva sobre la paciencia que creo que lo ayudará mientras se convierte en un líder de impacto.

La paciencia no es estar ocioso. No es esperar sin ser productivo o aceptar un mal desempeño. La paciencia es su capacidad para aceptar o tolerar demoras o sufrimiento sin enojarse o molestarse. Es un rasgo de resistencia. ¿Por qué es importante para un líder? Porque las personas y las circunstancias no siempre trabajarán o cumplirán con sus plazos o expectativas. Lo decepcionarán. La forma en la que responderá marcará la diferencia.

Contraté a una nueva gerente de marketing que sentía que no estaba funcionando. Hacía preguntas constantemente, y su trabajo era nivel promedio. Además de esto, yo estaba ocupado. Me estaba sintiendo frustrado, y un día, cuando vino a hacerme otra pregunta, perdí la paciencia. Salió de mi oficina llorando. Esto no ayuda a construir una cultura positiva que perdura. Me sentía terrible y la llamé a mi oficina más tarde ese día. Entró de mala gana y se dejó caer en la silla lista para la segunda ronda.

"Lo siento", comencé. "Nunca debí perder la paciencia, y te lastimé en el proceso. ¿Puedes perdonarme?", le dije. "¿Cómo puedo ayudarte a tener un desempeño tal que tú y yo podamos ver resultados?"

Sí me perdonó (por suerte). Y me explicó cómo nuestra falta de un proceso de capacitación e inducción realmente la perjudicaron. Estaba en lo cierto. Esperaba que ella simplemente supiera cómo funcionaba todo y qué se esperaba, sin una capacitación inicial adecuada. Desde entonces, se convirtió en una gran empleada, e implementamos un mejor proceso de capacitación e inducción gracias a ello.

Mi falta de paciencia casi me costó una gran empleada.

¿Cómo es su capacidad de aceptar o tolerar demoras o sufrimientos?

AMABILIDAD

Es la cualidad de ser amistoso, generoso y considerado hacia los demás. Una Vida Espiritual fuerte le dará un corazón que quiere ayudar a los demás. No da por culpa o esperando algo a cambio. Da porque es una persona amable, y eso es lo que usted hace. Los líderes que tienen un impacto son bondadosos, y se toman el tiempo de invertir en los demás porque se preocupan por ellos.

Al haber trabajado con cientos de líderes, he encontrado que los líderes que son amables tienen un mejor entendimiento e idea de sus clientes y consumidores que los que no lo son. Los líderes amables entonces pueden tomar mejores decisiones sobre productos, lanzar campañas más exitosas e incluso reclutar mejores empleados, ya que fomentan la confianza con mayor facilidad. La amabilidad importa.

¿Las personas que mejor lo conocen lo describirían como amable?

BONDAD

La bondad es estar comprometido con hacer lo que es moralmente correcto. Es elegir el bien por sobre el mal. Si es cristiano, se trata de seguir los mandamientos de Dios, no por deber sino porque lo ama y quiere glorificarlo. Si no sigue una religión específica, podría significar seguir estándares éticos y morales.

Como líder, se enfrenta a decisiones clave cada día, y un líder de impacto se asegura de que sus decisiones siempre sean honestas.

Ya sea al establecer contratos, pagar impuestos, informar resultados, comunicarse con sus clientes y empleados (o las tantas otras cuestiones de las que se ocupa), los líderes con la cualidad de la bondad siempre hacen lo correcto.

¿Opera con bondad en cada aspecto de su vida?

MANSEDUMBRE

A primera vista, la mansedumbre y el liderazgo no parecen ir de la mano. El término *mansedumbre* me da imágenes mentales de personas con la voz suave y físicamente débiles y tranquilos. Esa no es la imagen de un líder que me gustaría ser. Esta imagen no es la que Pablo quería comunicar cuando le escribió a los cristianos en Galacia que se enfrentarían a mucha persecución de otras personas por su fe. La mansedumbre es la capacidad de mantener la humildad y la compasión hacia las dificultades o defectos de los demás.

La mansedumbre como líder es difícil. Los líderes suelen tener talentos en determinadas áreas, operan a una capacidad más elevada y pueden tener un mayor empuje o coeficiente intelectual también; entonces, ¿cómo tratan con personas que no están a su nivel? ¿Los menosprecia? ¿El líder se siente superior a los demás? La mansedumbre se trata de cómo maneja y trabaja con los demás, especialmente los que no son tan fuertes como usted en determinadas áreas. Su visión hacia los empleados y cómo trata a los proveedores es una muy buena indicación de este rasgo en su vida. Incluso si obtiene resultados con un enfoque hosco o dominante, eso no hace que sea lo correcto. Los resultados son solo una pequeña pieza que importa. El impacto es a lo que debería apuntar. ¿Las personas bajo su influencia o que tratan con usted lo verían como manso y humilde?

TEMPLANZA

Pablo menciona este rasgo por último. Es la bola ocho final en la mesa. ¿Por qué hace eso? Creo que es porque la templanza es el combustible que le permite mantener en marcha los otros rasgos. La templanza se trata de ser el maestro de sus emociones, deseos y comportamiento. Amor, alegría, paz, paciencia, amabilidad, bondad y mansedumbre requieren que sea intencionado y que actúe. Las intenciones son fáciles, pero poner en práctica esas acciones, o contenerse, requiere control.

Estaba conduciendo camino a casa después del trabajo cuando la temperatura ambiente bajo. Estaba en total control del auto hasta que me topé con hielo. El auto se dirigía a una zanja, y casi se me para el corazón. Aunque apretara los frenos o girara el volante, no había nada que pudiera hacer. Por suerte, se frenó justo cuando la parte frontal del auto se asomaba por el borde de la zanja.

No tener control de sus emociones, pensamientos o comportamientos eventualmente pondrá su vida en una zanja. ¿A cuántos líderes conoce que han arruinado un trato, contrato, empleado o negocios porque no ejercieron control en uno de estos rasgos de carácter? Desafortunadamente, conozco a muchos, y es una pena, porque podría haberse evitado. La templanza, como los demás rasgos, puede trabajarse. Puede mejorar y seguir logrando que estos rasgos sean una parte mayor de su carácter y Vida Espiritual.

¿Cómo está su nivel de templanza?

MANTÉNGASE CONECTADO

Estos ocho rasgos de carácter beneficiarían a un líder inmensamente, y queremos ver estos rasgos vigentes en todos nosotros.

Sin embargo, no podemos esforzarnos por lograrlos con nuestra propia fuerza. Si es un líder, tiene una gran ética de trabajo y probablemente más capacidad para desempeñarse que otros. Cuando ve una lista de rasgos que podrían ayudarlo, naturalmente quiere comenzar a trabajarlos e implementarlos. Pero necesita tener cuidado con las motivaciones detrás de estos rasgos.

Jesús abordó esta misma cuestión la noche anterior a su muerte. Estaba cenando con sus discípulos (también conocida como "La última cena"), y les dijo: "Yo soy la vid, ustedes los sarmientos. Los que permanecen en mí, y yo en ellos, darán mucho fruto. Porque separados de mí nada pueden hacer."[16]

¿Qué quiere decir con "separados de mí nada pueden hacer"? Hay infinidad de personas que hacen muchas cosas buenas con estos rasgos y que no creen en Jesús o no lo siguen. Entonces, ¿qué está diciendo Jesús?

Jesús estaba preparando a estos discípulos para ser líderes en un nuevo movimiento. Servirían a las personas. Se sacrificarían por el bien mayor. Se enfrentarían a tortura y persecución. Pero también verían y realizarían milagros. Multitudes de personas acudirían a ellos y los aclamarían como grandes líderes. La gente les ofrecería dinero a cambio del poder de Dios. Estos discípulos necesitarían tener estos rasgos para poder liderar bien, pero tendrían que estar anclados espiritualmente en una relación con Jesús, o sería en vano.

Eso era lo que quería decir Jesús y la razón por la que se necesita una Vida Espiritual fuerte, anclada en él, en los líderes de impacto.

UN REBELDE NATO

Lorne es un amigo mío, un gran líder y presidente de una exitosa compañía de telecomunicaciones con cadenas de tiendas minoristas, ventas corporativas, reparación y accesorios. Tiene una fuerte tendencia humilde y una profunda Vida Espiritual, pero no siempre fue así.

"Mi vida era un desastre. No tenía una vida espiritual en mi adolescencia y cuando tenía poco más de veinte años, y hacía lo que sea que quisiera hacer. En poco tiempo, mi estilo de vida de fiestas y alcohol hizo que anduviera con la gente equivocada", dijo. "A poco tiempo de cumplir veinte años, tuve problemas con la ley, y tuve que gastar una fortuna en honorarios de abogados para no ir a prisión".

"¿Qué sucedió? ¿Cómo cambiaste?", le pregunté sin poder creerlo.

"Una chica", me dijo sonriendo. "Estaba saliendo con Ingrid, y quería que se mudara conmigo".

"Ni en sueños", le dijo ella. "Tenemos que casarnos en una iglesia, o nos separamos".

"No hay forma de que un pastor nos case. No con mi pasado", respondió Lorne.

Amaba a Ingrid. Finalmente encontró a un pariente lejano que los casaría en febrero. Sin embargo, poco tiempo después de casarse, Lorne se dio cuenta de que el matrimonio no era la solución a sus problemas. Seguía bebiendo demasiado y trabajando mucho más en la empresa.

"Sabía que mi matrimonio se terminaría rápido si no cambiaba", dijo.

"También estaba cansado de estar siempre alerta cuando salía en público por el daño que había hecho en las vidas de otras personas", continuó.

En septiembre, el pastor que los casó fue a la casa de Lorne para ver cómo estaban Ingrid y él. Después de una breve visita, el pastor compartió que Dios todavía amaba a Lorne y tenía un plan para su vida. Lorne solo tenía que ir a Dios y pedirle perdón y comenzar a seguirlo. Era así de fácil. Esa tarde, Lorne e Ingrid decidieron ambos creer en Jesús y seguir a Dios con todo el corazón.

"No era fácil. Les contamos a nuestros amigos y perdimos esas relaciones, lo que fue duro aunque sabíamos que esas relaciones eran poco saludables. También intenté arreglar las cosas con las personas a las que lastimé en el pasado. Eso fue un desafío y me devolvió la humildad. Aunque elegir a Dios no fue fácil, vale la pena", dijo Lorne. "Tengo una paz y una base en mi vida que es mejor que cualquier cosa que podría pedir".

Lorne e Ingrid han estado felizmente casados desde entonces y tienen cuatro hijos y once nietos actualmente. Sigue liderando grupos de LeaderImpact en su ciudad y brinda orientación a líderes individualmente. Cree firmemente que una Vida Espiritual fuerte es fundamental para tener un impacto porque ayuda a entender que el liderazgo no se trata de uno mismo y que ser transparente y honesto siempre es la decisión correcta incluso si termina teniendo un costo.

Su consejo para los líderes es seguir un camino recto hacia la línea de llegada en su vida. Cierre cada puerta y dígale no a cualquier cosa que lo desvíe de este camino de hacer lo correcto y vivir con integridad.

Una Vida Espiritual fuerte y estar con otras personas que lo hagan rendir cuentas le permitirán lograrlo.

CLAVES PARA RECORDAR

Todos tienen una Vida Espiritual, que crea la base para sus valores, pensamientos y acciones. En LeaderImpact, creemos que para ser un líder que tenga un impacto duradero, su Vida Espiritual tiene que basarse en un amor por Dios y en ser seguidor de Jesús. Es de ahí de donde viene el altruismo y el poder de servir. Para ayudarlo a seguir este camino, recuerde lo siguiente:

1. **Investigue.** Entienda quién es Dios y por qué es tan importante Jesús. Si sigue buscando y preguntando y manteniéndose abierto, encontrará las respuestas. Es un líder y es lo suficientemente inteligente para tomar una de las decisiones más importantes de su vida. Solo pido que no lo descarte ni tenga la mente cerrada. Dios es paciente y lo está esperando.
2. **Trabaje en sus "frutos del espíritu".** Los rasgos de carácter que estableció Pablo nos dan un gran estándar al que apuntar. Lleve un control de cómo está en esas áreas, y responda las preguntas que hago después de cada rasgo. Siga trabajando en ellos y mejorando. Todos funcionan juntos para crear una gran ensalada de frutas de liderazgo que a la gente le encanta.
3. **Practique la Regla de Oro.** Muchos de nosotros conocemos la Regla de Oro: "Haz a los demás todo lo que quieras que te hagan a ti". Si practica esta regla en su vida y toma decisiones según ella, avanzará más como líder que tiene un impacto. Isadore Sharp instituyó la Regla de Oro como el valor central principal de la cadena de hoteles de lujo Four Seasons y la usó como la base para su excepcional cultura de servicio. Puede ser igual para usted, su compañía y su vida.

El apóstol Pablo indica que todos necesitamos fe, esperanza y amor, pero lo más importante es el amor. Un líder que tiene impacto está, en definitiva, en el negocio de amar a los demás. Para ello, necesitamos una Vida Espiritual fuerte. Hacer que su Vida Espiritual sea parte de su identidad comienza en su Yo Interno.

CAPÍTULO 9

SU YO INTERNO (VIDA PERSONAL Y ESPIRITUAL)

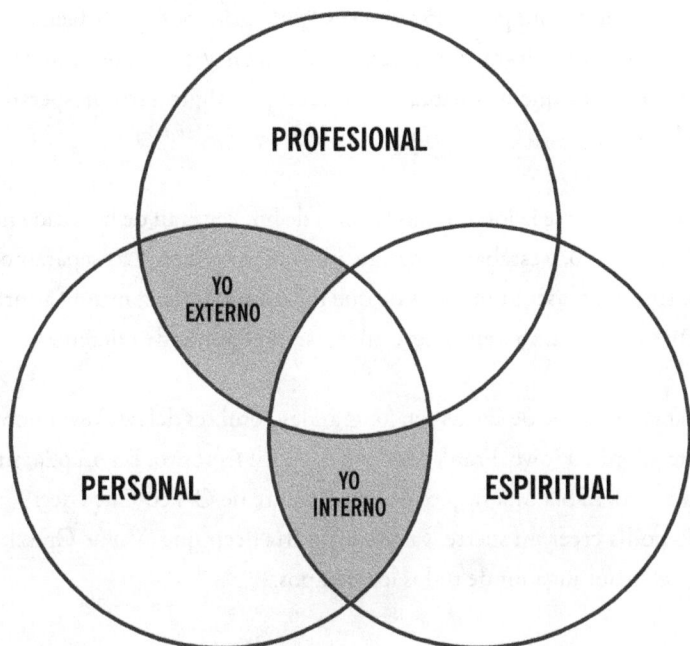

Era 1988. Estaba en cuarto grado, andando en bicicleta por las calles del barrio con dos amigos míos. Era la época de limpieza de primavera, y los vecinos estaban ordenando garajes y dejando sus cosas usadas en las calles para que se las lleven los camiones de la ciudad a la mañana siguiente. Mientras andábamos en bicicleta, una pareja mayor que estaba sacando cajas de su garaje nos hizo señas para que nos acercáramos.

La mujer tenía puesto jeans y un suéter rojo holgado; dejó una gran caja en frente nuestro.

"Nuestro hijo se ha ido de casa hace mucho tiempo, y estamos tirando sus cosas", dijo. "Tiene todas estas cartas de hockey. ¿Ustedes las quieren?"

No necesitábamos pensarlo dos veces. "¡Sí!", gritamos (probablemente al unísono) y saltamos de nuestras bicicletas y corrimos a nuestro nuevo tesoro que nos había encontrado por algún giro inesperado del destino.

Eso sí es sacarse la lotería. Las tarjetas de hockey eran de la década de 1960, 70 y 80, y estaban en bastante buena condición. Las separamos en tres pilas, asegurándonos de que fueran todas de la misma altura. (Oye, cuando uno tiene nueve años, ese es el punto de referencia).

Había todo tipo de cartas con los grandes nombres del hockey: Bobby Orr, Gordie Howe, Frank Mahovlich y Phil Esposito. En mi pila, sin embargo, había una tarjeta de principiante de O-Pee-Chee de 1979. No podía creer mi suerte, ya que se podría decir que Wayne Gretzky era el mejor jugador de todos los tiempos.

A la semana siguiente en la escuela, mostramos nuestras cartas a nuestros compañeros de clase y las ordenamos en el recreo.

Uno de mis amigos me invitó a su casa para que se las muestre a sus hermanos mayores, que eran coleccionistas de tarjetas de hockey y tal vez podrían decirme cuánto valían las cartas. Me sentía bastante genial por estar en presencia de los chicos de secundaria mucho más geniales y mayores, y les mostré lo que había conseguido.

Después de mirar mi carta, me dijeron: "Braden, estas son buenas, pero la tarjeta de Wayne Gretzky es falsa y no vale nada. Lo siento".

Al ver la decepción en mi rostro, me ofrecieron un cartel de Montreal Canadiens y unas cartas de jugadores de Montreal del año actual a cambio de la tarjeta de Wayne Gretzky. Agradecido por este pequeño favor, acepté y nos dimos la mano.

Volví a casa pero no les dije a mis padres la mala noticia: que la tarjeta de Wayne Gretzky que pensaban que valía algo era realmente una falsificación. Unos meses después, este amigo mío y sus generosos hermanos se mudaron a Calgary. Después de que se fueron, algunos chicos más grandes en la escuela me dijeron cómo los hermanos habían alardeado por haberme estafado intercambiando la tarjeta de Wayne Gretzky por un cartel de Montreal Canadiens que no valía nada.

Ese día, volví a casa en mi bicicleta más rápido que nunca. Entré en mi habitación, rompí las cartas que me dieron, me hundí en la cama y me puse a llorar. Era mi primera experiencia real con el abuso de confianza y nunca me olvidé de cómo se sentía. Poco tiempo después del intercambio, esta familia se mudó al otro lado del país. Mi tarjeta se había ido, y no les dije a mis padres hasta muchos meses después.

Pero esta es la cuestión. No era que prometí nunca hacerles eso a los demás. Estaba enojado conmigo mismo por caer en sus engaños.

Creía que era mi culpa, que debía haberlo sabido y bien por ellos por haber conseguido lo mejor del trato a costa mía.

Pero esto dio lugar a algunos resultados negativos.

Durante mucho tiempo después, engañaba a los niños para quitarles sus tarjetas de deportes o refrigerios para el almuerzo o cualquier otra cosa que quisiera. Estaba herido, y me había prometido nunca más ser una víctima. Me llevó mucho tiempo y una Vida Espiritual fuerte para salir de ese camino.

¿Cuántos líderes están operando con una visión del mundo distorsionada o herida? ¿Cómo determinará eso el tipo de impacto que tendrán? ¿Hay alguna creencia que le está haciendo pensar o actuar de una forma que no promueve un resultado positivo para todos?

En el curso de Bases en LeaderImpact, que cada líder tiene que hacer al convertirse en miembro, participamos en un ejercicio de Historia de Vida. Este ejercicio se trata de escribir experiencias de vida, relaciones, momentos definitorios, heridas y Vida Espiritual en diferentes etapas, como la infancia, la adolescencia, los primeros años de la adultez y la actualidad. No lleva tanto tiempo como uno pensaría. Si nunca ha hecho este ejercicio, es extremadamente revelador y le muestra los patrones en su vida como líder. Los patrones pueden ser la desconfianza, relaciones rotas, perseverancia o el apoyo que recibió en momentos críticos. Los logros son por lo general grandes recuerdos, pero las heridas (como mi momento con la tarjeta de Wayne Gretzky) dejan cicatrices que pueden determinar nuestro comportamiento. Su Yo Interno es el portador de estos momentos buenos y malos en su vida. Es importante reconocerlos y echar luz sobre ellos para que su liderazgo no se vea afectado o interceptado inadvertidamente.

SU YO INTERNO

Cuando su Vida Personal interactúa con su Vida Espiritual, esto crea su Yo Interno. Su Yo Interno es de donde surgen sus pensamientos, emociones y comportamientos. Esto también se conoce como carácter o identidad. Una de mis definiciones favoritas de carácter es que es "quién es cuando no hay nadie a su alrededor". Su identidad personal determinada por sus creencias y valores centrales es su Yo Interno.

Cada acción comienza en la mente. Si no controla su mente, no puede controlar sus acciones.

Un líder que quiere tener un impacto en los demás debe poder dominar a su Yo Interno. En el libro de James Allen, *As a Man Thinketh* [Como un hombre piensa][17], profundiza en la noción de que los pensamientos en definitiva producen las circunstancias.

> Un hilo de pensamientos en particular que persista, sea bueno o malo, no puede no producir sus resultados sobre el carácter y las circunstancias. Un hombre no puede elegir directamente sus circunstancias, pero puede elegir sus pensamientos, y así, indirectamente, pero de manera segura, determinar sus circunstancias.

La batalla principal para convertirse en un líder de impacto está en su mente. Siempre habrá tensión entre hacer lo que quiere frente a sacrificarse por hacer lo correcto. Estos son sus patrones de pensamiento que determinarán sus acciones, lo que en definitiva determinará sus circunstancias.

Por ejemplo, si quiere tener un impacto en un empleado pero siempre está pensando en lo inmaduro o ingenuo que es, no puede comportarse de manera tal que tenga una influencia positiva sobre él. No funcionará. No hay un interruptor mágico.

O si intenta dominar una nueva habilidad pero se sigue diciendo a sí mismo que no puede o no es lo suficientemente bueno cuando práctica, nunca terminará dominándola. Tiene que comenzar con sus pensamientos.

Asistí al Campamento de Liderazgo Hugh O'Brien para estudiantes de décimo grado. Uno de los oradores entregó unas tarjetas de presentación de color amarillo neón con las letras "CTP" escritas bien grande y en color negro en ellas. Las letras eran las siglas de "Controla Tus Pensamientos". Nos estaba incentivando a controlar constantemente nuestros pensamientos para asegurarnos de que fueran positivos, puros y que nos impulsaran.

Detenga los pensamientos negativos e impuros lo antes posible. Usted tiene la capacidad de controlar la vida de sus pensamientos. Cada acción surge de un pensamiento, así que asegúrese de pensar en las cosas adecuadas.

Su mente es un jardín.
Sus pensamientos son las semillas.
Puede cultivar flores.
O puede cultivar malezas.

— ANÓNIMO

FRACASO EN EL HOGAR

Al avanzar de sus pensamientos internos, su vida en el hogar es la siguiente área que verdaderamente refleja la fortaleza del Yo Interno de un líder. Fui miembro de la junta de la organización benéfica de mi amigo Stu McLaren, Village Impact. (Sí, me doy cuenta de que me estoy convirtiendo en el chico del impacto en muchas cosas en las que participo). Uno de los miembros de la junta, David Frey, tiene un gran cartel en la oficina de su casa que dice: "Ninguna cantidad de éxito puede compensar el fracaso en el hogar".

Cada vez que tenemos una videoconferencia, veo ese cartel detrás de él, y es un gran recordatorio. En la encuesta global de LeaderImpact, el 80 por ciento de los encuestados que estaban casados o en una relación seria indicaron que le daban gran atención e importancia a su cónyuge/pareja. Esto es muy bueno, ya que esta relación es una de las más importantes que tendrá.

Nada arruina a las relaciones importantes o a la reputación que el fracaso moral. He tenido la oportunidad de ver esto de primera mano con un amigo mío, y no es agradable.

Soy uno de los cuatro socios en una exitosa compañía alimentaria de refrigerios. En los siete años que tuvimos esta compañía, los ingresos han crecido en un 900 por ciento, y estamos vendiendo refrigerios en todo América del Norte y, más recientemente, en Asia. Uno de los cuatro socios es amigo mío, y es el que me presentó esta oportunidad. Mi amigo es un empresario prototípico. Tiene una personalidad encantadora, tiene mucha energía, le encanta resolver problemas, ve oportunidad y trabaja como loco para encontrar soluciones. Posee varias empresas. Ha estado casado durante más de veinte años, tiene cuatro hijos y siempre pareció tener una Vida Espiritual fuerte. Es generoso con el dinero, con frecuencia guiaba a jóvenes líderes y tiene compasión por las personas que tienen necesidades. Había dominado el control de su Yo Externo. Para las personas desde afuera, incluyéndome, es un buen líder.

Pero lo arruinó. Tuvo un amorío; no una aventura de una sola vez sino una mentira constante que duró años. Sabía que sus acciones estaban mal, pero no se detuvo.

El fracaso moral genera una masacre en una vida. Su matrimonio de más de veinte años cambió para siempre y, sin la ayuda de Dios, es posible que no siga adelante. Su relación con sus hijos es muy diferente.

Ha dañado al negocio en el que está involucrado, ha desalentado a muchas personas, ha roto relaciones y ahora tiene que reparar su reputación, lo que llevará tiempo.

Su capacidad para influenciar y, por lo tanto, tener impacto se ha visto gravemente afectada. Pero podría haberse evitado. ¿Cómo le pasó esto a un buen líder que era sensato?

Estuve en una conferencia sobre liderazgo con el escritor John Maxwell. Uno de los consejos sorprendentes que dio fue sobre la fidelidad marital y el carácter moral. Dijo: "Nunca crean que [un amorío] no puede sucederles a ustedes". Nadie está exento de cometer un error. Comienza en su mente con un pensamiento. Luego sigue con una pequeña acción. Luego otro pensamiento y otra pequeña acción. Si no controla sus pensamientos y no se hace responsable por sus acciones, llevará a un final más grave y mucho mayor.

A pesar del desastre, hay esperanza. Mi amigo reconoce la verdad de sus acciones, y asume la responsabilidad. Lo único que puede hacer ahora es aceptar las consecuencias, volver a empezar y regresar al camino correcto. Eso es lo bueno del perdón. Siempre podemos volver al juego, sin importar lo mucho que nos hayamos equivocado. Si conoce a alguien que ha estado en esta situación, lo insto a que se comunique con esa persona y le ofrezca su amabilidad.

Es en estos momentos en los que las personas necesitan que otros los acompañen y los ayuden a volver al camino correcto. Sé que mi amigo usará esta experiencia para ayudar a otros líderes a mejorar y evitar los errores que él cometió.

CUIDADO CON SUS ÚLTIMAS EMOCIONES

Su Yo Interno está en una lucha de la mente y de la voluntad. Como líder que quiere tener impacto, es importante decir lo adecuado, hacer lo correcto y ser el tipo de líder que vale la pena seguir.

¿Alguna vez ha hablado mal a su cónyuge o pareja dándole una respuesta que sabía que no debería haberle dado? ¿Ha perdido la paciencia con sus hijos o empleados o algún proveedor? ¿Ha hecho algo de lo que se ha arrepentido? Sí. Todos hemos hecho algo.

En muchos casos, perdió momentáneamente la capacidad de dominar sus emociones y reaccionó en el momento. Hay cuatro estados emocionales que afectan a su Yo Interno. Si se vuelve consciente de ellos, puede ayudar a mitigar estas cuestiones.

Los llamo sus "ÚLTIMAS emociones". Por lo general son las últimas emociones que tiene antes de hacer algo de lo que se arrepentirá. En inglés, LAST es un acrónimo de lo siguiente:

- *Loneliness* (Soledad)
- *Anger* (Ira)
- *Stress* (Estrés)
- *Tiredness* (Cansancio)

Piense en una ocasión en la que hizo algo que no estuvo de acuerdo con quién es y quién quiere ser. En muchos de esos casos, es probable que uno o más de estos estados emocionales hayan estado presentes.

SOLEDAD

El aislamiento es peligroso y, por desgracia, es habitual en líderes y ejecutivos muy ocupados. Una agenda de muchos viajes lo aleja de un contacto constante y relaciones que lo mantienen con los pies sobre la tierra y lo responsabilizan. A muchos líderes les cuesta tener amigos cercanos por su posición de influencia.

Siempre parece haber alguien que quiere algo de usted. En nuestra encuesta, alrededor del 16 por ciento de los encuestados dijo que no tenían amistades cercanas, y el 47 por ciento dijo que solo tenían una o dos.

Las relaciones requieren comunicación, acciones recíprocas y experiencias compartidas para fortalecerse; todo ello requiere una inversión de tiempo, que es algo que los líderes no tienen en exceso. O al menos eligen no tener en exceso. Esto afecta a las amistades y su relación con su cónyuge.

La soledad puede producirse en relaciones maritales. Están ocupados, se ven y se comunican entre ustedes cada vez menos y no tienen sexo con frecuencia. El resultado es soledad, lo que puede llevar a comportamiento relacionados con la sexualidad como pensamientos sexuales hacia otras personas, pornografía, clubes de *striptease* o contacto sexual inapropiado o coqueteo con otras personas. Si estas acciones no se controlan y no se tratan, se producen amoríos, casas de masajes con "finales felices" (como Robert Kraft, el dueño de los New England Patriots), o peor aún, prostitución.

IRA

Se suele tener ira a causa del miedo o la tristeza. El miedo se trata de ansiedad o preocupación. La tristeza se trata de pérdida, decepción o desaliento. Como líder, se le paga para obtener resultados, y pasan cosas malas cuando no los logra. Si sigue fallando en sus objetivos y rentabilidad, la compañía tendrá que despedir empleados, lo que no solo afecta al empleado sino también a sus familias y comunidades. Podría perder inversores y llevar a la compañía a la quiebra. ¿Qué pasa si pierde su ventaja, y la competencia se queda con esa parte del mercado?

¿Qué pasa si pierde a sus clientes más importantes o si se produce un problema grave en su cadena de suministro?

La cantidad de presión mezclada con miedo es una receta para la ira. Es por eso que la paz y la paciencia son rasgos tan claves para su Vida Espiritual. Si deja que la ira se apodere de usted, inevitablemente dirá o hará algo que lo dañará. Lleva mucho tiempo construir la confianza y tan solo unos segundos perderla.

ESTRÉS

El estrés puede experimentarse a través de mayores cantidades de tensión emocional o esfuerzo mental. Bienvenido al liderazgo. Le guste o no, el liderazgo conlleva un esfuerzo mental porque siempre hay tensión en la resolución de problemas, toma de decisiones y ser responsable de las consecuencias de esas decisiones sobre las personas y los resultados. La clave es cómo el estrés lo afecta personalmente.

El 38 por ciento de los líderes encuestados permiten que el estrés afecte su bienestar o los descoloca el estrés en sus vidas. El estrés también debilita la función inmunitaria y aumenta las posibilidades de sufrir enfermedades cardíacas.

El estrés es parte de la vida de un líder, pero el estrés intenso durante un período largo de tiempo es mortal. Entienda la causa de origen del estrés y busque formas de reducirlo de inmediato. Si es la presión por el tiempo, entonces adelante los plazos de entrega, reprograme reuniones o establezca nuevas expectativas con las partes interesadas. Haga ejercicio. Si es la presión por el dinero, encuentre nuevas fuentes de inversión, elimine gastos adicionales lo antes posible o cree planes para generar nuevas fuentes de ingresos. Si el estrés está relacionado con las personas, hable con un consejero, incorpore a un consultor o confíe en otros líderes para ayudarlo a ver la situación de manera diferente.

La solución adecuada solo la puede decidir usted, pero darse cuenta de que necesita un plan y una solución es fundamental. No se conforme con soportarlo o pasar la tormenta. El estrés necesita una salida, o causa daño, y no puede ser un líder que tiene un impacto si está operando con estrés.

CANSANCIO

Debido a la naturaleza de las vidas de los líderes, la fatiga mental y física es bastante común. Las constantes noches terminando trabajo. Dormir mal durante los viajes y por pasar de una zona horaria a otra. El esfuerzo mental constante por tener que resolver problemas, asesorar a miembros del equipo y trabajar con clientes o proveedores a diario. Los líderes tienen más energía que una persona promedio, pero cada líder tiene límites. Cuando está cansado, no tiene la energía necesaria para la mejor templanza.

Este es el motivo por el cual el descanso (y el sueño) es una parte crucial de su Vida Personal que ya hemos mencionado. Necesita planificar tiempo para descansar, tomarse vacaciones y fines de semana y tomarse el Sabbat. El Sabbat consiste en separar un día de la semana en el que no trabaja para nada. Descansa, se recarga y reflexiona sobre su vida, Dios y las relaciones. Mantener el Sabbat sagrado es muy importante y era uno de los diez mandamientos en la Biblia. Se une a la lista de asesinar, cometer adulterio, robar y mentir. Es así de importante, y sin embargo muchos líderes todavía no lo ponen en práctica. ¿Confía en Dios en que, si se toma un día libre, Él lo ayudará a ser productivo y exitoso en los otros seis días?

MANEJAR LAS ÚLTIMAS EMOCIONES

Entonces, ¿cómo maneja estas emociones? Piense en ellas de manera Personal, Profesional y Espiritual.

- **Personal: Sea consciente de ellas.** Tiene que reconocer que lo que está sintiendo es un síntoma de uno de estos estados emocionales. Lo está afectando a usted y a su criterio, así que tenga templanza y no tome decisiones clave ni diga nada de lo que se arrepentirá.
- **Espiritual: Tómese tiempo y rece.** Salga de la situación si es posible. Cierre los ojos y rece. Pídale a Dios que le dé la sabiduría para saber qué hacer, la protección para no hacer nada estúpido y la fortaleza para seguir un plan. Recuerdo estar conduciendo a casa después de un día difícil en el trabajo. Estaba cansado, estresado y enojado. Sabía que si entraba a casa, mis hijos iban a querer saltar encima de mí y Jen iba a querer hablar. No tenía la fuerza necesaria, así que detuve el auto unas cuadras antes de mi casa. Cerré los ojos y recé. Fueron tal vez unos diez minutos, y luego seguí a casa con un nuevo enfoque y la noche estuvo bien.
- **Profesional: Cree un plan.** No puede permanecer en estos estados emocionales. Usted es un líder, y hace planes y desarrolla estrategias todo el tiempo. Cree un plan de alivio. Si está cansado, programe tiempo en su calendario para descansar. Si está estresado, entienda la causa de origen y cree un plan para aliviar la causa. Si está enojado, entienda de dónde proviene la ira y cree un plan para abordarla. Si está viajando y está solo o se siente solo en general, programe tiempo para actividades sociales o llame a un amigo o familiar. Nadie hace planes para fallar; simplemente fallan en la planificación.

CLAVES PARA RECORDAR

Su Yo Interno es la identidad que ha creado a partir de su Vida Personal y Espiritual. Comienza en sus pensamientos, que son determinados por sus valores e impulsan su comportamiento. Es aquí donde comienza a convertirse en un líder de impacto.

Para fortalecer su Yo Interno:

1. **Entienda sus heridas.** Reflexione sobre su vida y las circunstancias (buenas o malas) que han tenido una influencia en su identidad. Estas experiencias determinan cómo ve al mundo y pueden apoderarse de su mente y comportamiento si no se afrontan.
2. **CTP (Controla Tus Pensamientos).** Continúe evaluando los pensamientos que tiene para asegurarse de que sean positivos, puros y que lo impulsen a ser la persona que quiere ser. Detenga los pensamientos negativos e impuros lo antes posible. Usted tiene la capacidad de controlar la vida de sus pensamientos.
3. **Concéntrese en su hogar.** La mayoría de los líderes se concentran en su ocupación primero y se aseguran de que esté en orden antes de arreglar la vida en su hogar. Quiero desafiarlo a hacer lo opuesto. Concéntrese primero en su relación con su cónyuge/pareja e hijos, si tiene. Un hogar pacífico y completo brinda libertad mental y confianza para enfocarse y estar más presente en su trabajo.
4. **Tenga cuidado con sus ÚLTIMAS emociones.** La soledad, la ira, el estrés y el cansancio serán parte de su vida como líder. Maneje esas emociones. Literalmente. Tenga suficiente dominio de sí mismo para reconocerlas, tomarse un momento para frenar y rezar y cree un plan para aliviarlas.

Hace poco, una tarjeta de principiante de Wayne Gretzky de O-Pee-Chee 1979 se vendió en una subasta por un monto récord de US$465,000. A veces, las mejores lecciones no tienen precio. En este caso, vino con un precio, y sí, todavía duele.

CAPÍTULO 10

ENTREGA TOTAL (VIDA PROFESIONAL Y ESPIRITUAL)

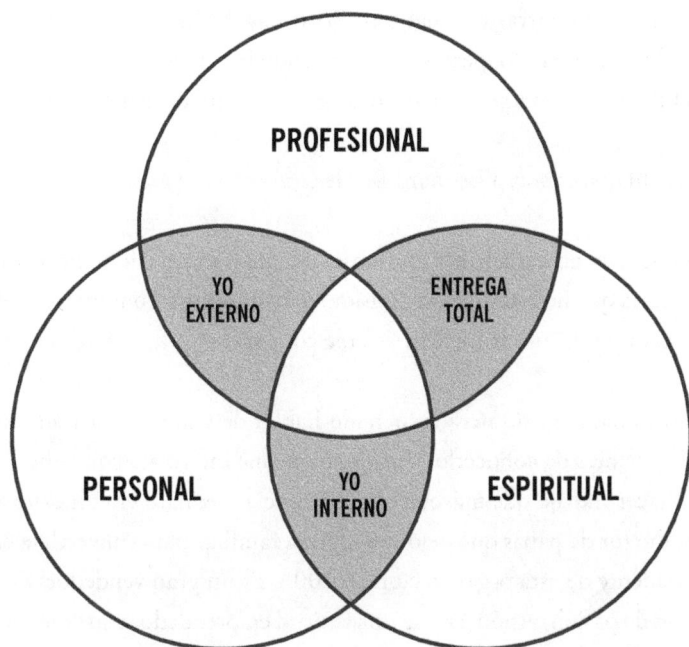

La entrega total es cuando su Vida Espiritual y su Vida Profesional se integran. Se produce cuando su carrera y sus creencias se alinean, y comienza a ver resultados positivos en las vidas de las personas. Esta es su contribución al impacto en un nivel tangible. Los capítulos 4 al 9 lo ayudaron a concentrarse en *quién* es como primer y más importante atributo para convertirse en un líder de impacto, y ahora este capítulo sigue con *qué* puede hacer como ese líder.

No es necesario que renuncie a su trabajo o cambie de carrera o se una a una organización sin fines de lucro para ser eficaz en su impacto. Yo lo intenté de verdad.

Después de mi llamado a despertar, del que hablé en la introducción de este libro, sabía que necesitaba un cambio de vender papas fritas y escalar posiciones en Frito-Lay. Me concentré en desarrollar mi Vida Espiritual mientras trabajaba en Frito-Lay. Mi mente, alma y vida estaban cambiando, pero seguía sintiendo la convicción de usar mis habilidades de marketing para ayudar a otros a un nivel más profundo.

Fue ahí que conocí a Leonard Buhler.

"Braden, ¿te gustaría hacer un trabajo que marque una diferencia? Me gustaría que lideres nuestra división de marketing y comunicaciones en Campus Crusade for Christ", me comentó.

Nunca había ni siquiera escuchado hablar de Campus Crusade for Christ antes de conocerlo, pero hizo que me interesara con el hecho de hacer trabajo que marque una diferencia. Leonard era un exitoso productor de papas que dejó su empresa familiar para convertirse en presidente de esta organización en 2004. Es un gran vendedor. Está lleno de pasión, visión y tiene una actitud emprendedora que muchos empresarios tienen, lo que hace que sea fácil decirle que sí.

"Está bien", dije. "Lo haré".

Mis colegas en Frito-Lay no entendían la decisión y sentían que limitaría mi carrera. Mis padres y familiares me apoyaban, pero a ellos no les encantaba la idea de que me mudara al otro lado del país a la Costa Oeste. Cuando pienso en esta decisión, era un poco desquiciada, pero estaba determinado a marcar una diferencia.

Sin embargo, poco tiempo después de empezar a trabajar en Campus Crusade, me di cuenta de algo profundo. Casi todas las estrategias, proyectos e iniciativas en la organización requerían que líderes de negocios los apoyaran, los financiaran o los impulsaran. Estos líderes, emprendedores y ejecutivos tenían la riqueza, la influencia y las habilidades que necesitábamos. Y sin ellos, estos proyectos o personal o ideas nunca existirían. No hubiese habido ningún impacto sin su contribución.

Vi de primera mano cómo los líderes pueden usar sus talentos y recursos para tener un impacto.

Fue ahí que decidí comenzar una agencia para ayudar a empresas y líderes a obtener ganancias y permitirles usar esas ganancias para el bien. Trabajar en la organización sin fines de lucro no era una decisión equivocada para mí. Fue una gran decisión para ayudarme a madurar y llegar a donde estoy hoy, pero las organizaciones sin fines de lucro no son los únicos lugares para marcar una diferencia. Cualquier persona, en cualquier parte, en cualquier trabajo puede ser un líder de impacto.

No hay absolutamente ninguna duda en mi mente de que si los líderes dieran más de sí, podrían tener un impacto en las personas y en el mundo de maneras inimaginables para ellos. Tiene más potencial del que se da cuenta.

Cuando su Vida Espiritual se integra con su Vida Profesional comienza a ver claramente cómo sus habilidades pueden permitirle tener una vida de impacto. Vender papas fritas no era algo malo. Ser un gran banquero especializado en inversiones no está mal. Ser dueño de una compañía de papel no es menos importante que ser un pastor en una iglesia o salvar a las ballenas con Greenpeace. Lo que importa es *quién* es y *qué* hace con lo que recibió.

Si tiene habilidades para vender papel, dé lo mejor de usted en ello.

Si es un asombroso diseñador, sea el mejor en su área. Si entiende el análisis financiero, dedíquese a ello.

Sea un líder que deje la vara alta, al que le preocupen las personas, y luego use el dinero que obtuvo y el tiempo que tiene para construir sus relaciones y apoyar las causas que le apasionen. Haga que dar sea una parte de su empresa y una parte de su vida. No se contenga. No guarde un enorme colchón de ahorros ni busque siempre mejorar su estilo de vida. Entréguese por completo.

Inspirará a los demás a hacer lo mismo. Y es así como se consigue el cambio en el mundo.

LAS PERSONAS QUIEREN QUE LAS COMPAÑÍAS Y LOS LÍDERES TENGAN UN IMPACTO

Al empezar a entregarse por completo, no solo lo notan las personas que experimentan el cambio positivo. Otras personas también lo notan, y están comenzando a querer ver esto y a esperarlo. Esperan ver impacto de las compañías para las cuales trabajan y quieren saber cómo están marcando una diferencia, sin importar la industria en la que estén.

Según un Estudio de Cone Communications de 2016, tres cuartos de los milenials aceptarían una paga menor para trabajar en una compañía socialmente responsable. El 88 por ciento de los empleados milenial dicen que su trabajo es más satisfactorio cuando sus emplea-dores brindan oportunidades para tener un impacto positivo.[18]

En 2015, *Harvard Business Review* publicó un artículo titulado "La verdad sobre CSR".[19] Los autores confirmaron en su organización que al participar en programas de Responsabilidad Social Corporativa (Corporate Social Responsibility, CSR), la organización vio un mejor rendimiento comercial, mitigación de riesgos y una mejora en su repu-tación. Estos beneficios fueron adicionales al beneficio principal de poder contribuir con el bienestar de las comunidades y la sociedad a las que afectan o pertenecen.

Esta noción de crear un mejor mundo a través del trabajo no es exclusiva de los líderes y los empleados. Los consumidores quieren y demandan esto de los productos y servicios que compran. Nielsen informó que el 66 por ciento de los consumidores (y el 70 por ciento de los mileniales) están dispuestos a pagar extra por los productos y servicios que provienen de compañías comprometidas con el impacto social y ambiental positivo.[20] Y según otro estudio de Cone Com-munications, es probable que el 94 por ciento de los consumidores cambie de una marca (de un precio y calidad similar) a otra que apoye una causa social.[21]

Durante la pandemia de COVID-19, fue increíble ver cuántas empre-sas y marcas estaban dando e intentando tener un impacto.

- Airbnb redujo las tarifas y trabajó con los anfitriones para brin-darles a 100,000 profesionales médicos un lugar para hospedarse cerca de sus hospitales.
- TULA Skincare tenía una oferta en la que si uno compraba una de sus mascarillas para el cuidado de la piel, todas las ganancias se utilizarían para comprar máscaras de protección para los profesio-nales médicos de la Ciudad de Nueva York.

- Danone le donó $200,000 a la organización Breakfast Club of Canada para ayudar a alimentar a niños que dependían de las comidas que recibían en las escuelas; belairdirect también donó

$500,000 a ese mismo programa.

- Bauer, que fabrica equipos de hockey, reestructuró su fabricación para realizar máscaras de protección facial y suministrarlas al sistema de atención médica.
- Zoom, el servicio de videoconferencia en línea, ofreció su servicio de manera gratuita a las escuelas y también eliminó el límite de tiempo de reunión de cuarenta minutos.
- Audible lanzó cientos de títulos gratuitos para niños y estudiantes.
- Crocs donó 10,000 pares de zapatos cada día para los profesionales médicos. En un momento, tuvieron 400,000 personas esperando recibirlos.
- Serta Simmons Bedding donó más de 10,000 colchones a los hospitales de la Ciudad de Nueva York, y pedían e inspiraban a otros socios a hacer lo mismo.
- Verizon donó $2.5 millones para ayudar a iniciativas locales sin fines de lucro durante el COVID.
- Incluso negocios locales pequeños como Carvery Sandwich Shop en White Rock, British Columbia, les envió comidas gratuitas a los profesionales médicos y hospitales cada día, y fueron los primeros en desafiar a otros restaurantes a hacer lo mismo.

Y esta es solo una lista breve. Hubo cientos y miles de compañías colaborando y donando millones de dólares. El cínico experto en marketing en mí sabe que algunas de estas empresas estaban tratando de integrar el marketing de causas solo para impulsar los ingresos y las menciones de prensa positivas.

Pero muchos de ellos se sacrificaron y dieron sin esperar nada a cambio.

Cuando uno hace lo correcto sin esperar nada a cambio, eso es una entrega total. Eso es lo que hacen los líderes de impacto.

Si se siente inspirado a hacer que dar sea una parte clave de su vida o negocio, hay cuatro cosas que recomiendo que tenga en mente:

- **Manténgase en lo suyo.** Manténgase fiel a su propósito. Cuando se pregunte a usted mismo o le pregunte a su equipo qué deberían estar haciendo y cómo, mantenerse en lo suyo es clave. Por ejemplo, Zoom no va a hacer ni está intentando hacer algo en lo que no se destaca. Están regalando o brindando sus servicios a quienes los necesitan. No intente crear una nueva división entera o un nuevo elemento en su negocio. Es más importante mirar su competencia central y su propósito y encontrar formas de aprovechar y canalizar eso.
- **Entienda la necesidad.** Para este punto en el libro, usted ya sabe que me enfoco mucho en las personas, y entender qué necesitan las personas es un paso crítico para determinar sus acciones. En lugar de replicar lo que los demás están haciendo para dar, pregúnteles a las organizaciones sin fines de lucro, las autoridades gubernamentales, los clientes, las organizaciones en su área o sus empleados primero: "¿Qué necesitan y dónde podemos ayudar?". Comuníquese con sus clientes y pregúnteles qué problemas están teniendo con los que ustedes podrían ayudar. Realmente entienda la necesidad antes de involucrarse y comenzar a hacer algo.
- **Comience con algo pequeño.** No puedo poner más énfasis en esto. Cuando escuchamos ejemplos de COVID, se siente tan grande. Tal vez se sienta inadecuado porque estas otras compañías enormes tienen los medios y los recursos que usted no tiene. La clave es comenzar con algo pequeño. Use lo que tiene, en donde lo tiene, y simplemente tome ese siguiente paso. No se paralice. Algunos líderes son propensos a paralizarse porque tienden a pensar que tienen que hacer algo

grande, genial o grandioso. No creo que eso sea cierto. Si tiene una causa que lo apasiona y que se alinea con el beneficio de su producto y servicio, simplemente comience a tomar pequeños pasos según ello.

- **Sea coherente.** Debe apaciguar sus expectativas de que va a producir un rendimiento masivo o muy buena prensa o que será fácil. Será más trabajo y le costará un poco más de lo que pensó. Prepárese para eso y sea coherente en sus acciones. Cuando hace algo por primera vez, siempre es aterrador. No se va a sentir bien. Es posible que se pregunte: "¿Lo estoy haciendo bien? ¿Está realmente ayudando? ¿Deberíamos estar haciendo esto?". Se va a cuestionar mucho. Mi consejo es que se mantenga coherente, comience por algo pequeño y, con el tiempo, verá el impacto.

COMIENCE CON SU MISIÓN PERSONAL

Es más fácil dar, y está más concentrado, cuando tiene una misión personal que lo ayuda a guiarlo. Muchas organizaciones tienen declaraciones de misión.

Jim Collins y Jerry Porras ayudaron que la misión, la visión y los valores se hicieran famosos en su libro *Built to Last: Successful Habits of Visionary Companies [Empresas que perduran: principios exitosos de compañías triunfadoras]*. La misión o propósito de una organización es el motivo por el cual existe esa organización. Sirve como guía para todas las acciones y decisiones a fin de garantizar la alineación con sus comportamientos, valores e identidad centrales en el mercado.

Starbucks ha sido líder en cuanto al café pero también en liderar programas, como ofrecer beneficios para los empleados y opciones de acciones al personal con salario mínimo, que eran revolucionarios en la década de 1980 y 1990.

Recientemente cambiaron su declaración de misión: "Inspirar y nutrir el espíritu humano, de a una persona, una taza y un barrio por vez".

¿Por qué harían esto? Creo que el liderazgo en Starbucks sabe lo importante que es tener un impacto no solo para los consumidores y empleados sino también para los inversores y comunidades de las que son parte. Inspirar y nutrir el espíritu humano es mucho más estimulante para las estrategias, innovación y rendimiento que una misión que dice: "Vamos a hacer el mejor café en espacios geniales".

Una buena misión captura emoción. Lo mismo necesita usted a nivel personal.

El 44 por ciento de los líderes encuestados en nuestra Evaluación de LeaderImpact tenían un sentido profundo de propósito en todos los aspectos de sus vidas. Otro 43 por ciento sentía propósito en determinadas áreas, pero, por sorpresa, solo el 21 por ciento sentía solamente un propósito ocasional o ningún propósito en sus vidas.

Su misión personal ayudará a mantenerlo enfocado en el impacto. ¿Cuál es su misión o propósito personal?

A muchos líderes les resulta más fácil crear una declaración de misión o propósito para sus compañías que para ellos mismos. Hay mucha presión por crear la "correcta". Hacemos este ejercicio de crear una en LeaderImpact durante Bases. Es trabajo duro y lleva tiempo. Sin embargo, es increíble ver la inspiración y la claridad que brinda en la vida de alguien una vez que la logran.

Me llevó un tiempo perfeccionar mi misión, pero finalmente encontré una que quedó, y la he mencionado durante el libro, si se dio cuenta.

Mi misión es ayudar a los líderes a encontrar el éxito verdadero.

Las personas a las que me veo atraído son los líderes.

El verdadero éxito puede ser a nivel práctico cuando estoy literalmente ayudando a los líderes a lograr crecimiento o beneficios económicos para sus negocios. El verdadero éxito también significa ayudarlos en sus Vidas Personales y Espirituales con las conversaciones que estamos teniendo y la intención que tengo hacia ellos como personas. También considero que mi esposa y mis hijos son líderes, e invierto en ellos de esta manera. Tengo una pizarra blanca grande en la oficina de mi casa, y esta misión está escrita en la parte superior en letras bien grandes. Me mantiene concentrado y me recuerda por qué estoy vivo y qué es importante.

Estos son algunos consejos para implementar mientras desarrolla su declaración de misión.

1. No intente encontrar la solución milagrosa o ser un maestro con las palabras. Puede cambiarla con el tiempo.
2. Asegúrese de que sea un reflejo suyo y de su corazón. No se trata de dar una mejor imagen y tener una misión que los demás admirarán. Su misión tiene que guiarlo e inspirarlo para ser un líder de impacto.
3. Hágase cargo. Si les pide opinión a otras personas, escúchelos para hacer mejoras que tengan sentido, pero no se preocupe si no resuena en ellos. Su misión no es para ellos. Es para usted. Ellos pueden tener la propia, pero usted necesita tener la suya.

Una vez que encuentre un propósito, integrar los elementos que dará de usted será la siguiente oportunidad para garantizar una contribución.

Esta contribución podría ser apoyar organizaciones o causas con su tiempo y dinero. Podría ser aprovechar estrategias de marketing de

causas como "compre uno, lleve otro gratis". Permitirles a los empleados participar en las causas junto con usted es también una buena idea.
Por ejemplo, la organización Food for the Hungry tiene un programa
comercial de impacto que ayuda a las compañías a llevar empleados a
países en desarrollo, asociarse con un pueblo y luego utilizar sus redes
y clientes en casa para apoyar el cambio.

EL DESATASCADOR DE ORO

Integrar su propósito también puede significar instituir valores
centrales en su compañía que refuercen el propósito también en los
empleados. Esto es algo que he intentado hacer en mi propia compañía.

Como usted sabe, mi negocio es el marketing, que se clasifica como
un servicio profesional. Como otras empresas de servicios, atendemos
a nuestros clientes para ayudarlos a lograr un resultado deseado. Si
alguna vez ha trabajado en una empresa de servicios, sabrá que no es
fácil. Está constantemente manteniendo el equilibrio entre las demandas de sus clientes y las necesidades de la organización. En la mayoría
de los casos, tampoco puede elegir los clientes. Algunos pueden ser
clientes soñados, y otros son brutales a la hora de trabajar con ellos,
pero quiero tener un impacto en ellos a través de cómo los atendemos.

Al saber que este es mi deseo, quería contratar personas que tengan
verdaderamente un corazón para servir. Obviamente tienen que ser
inteligentes y estar calificados para el puesto, pero más profundo
que eso, quiero personas que tengan humildad, que no sean privile-
giadas y que estén dispuestas a exceder la descripción de su puesto
si lo necesitamos. Esto es carácter y es el primer valor central en
nuestra compañía y uno de los rasgos centrales que poseen los líderes
de impacto.

Esta idea nunca estuvo más clara para mí que cuando tuvimos un problema en uno de los baños de nuestra oficina antes de una importante reunión con un cliente grande.

"Braden, el baño de mujeres está tapado y está desbordando", me dijo nuestra recepcionista.

Eran las 9:30 a. m. Nuestro mayor cliente iba a venir a nuestra pequeña y vibrante oficina para una presentación de marca en treinta minutos. Tenían varias mujeres en el equipo, y sabía que iban a necesitar usar el baño. Nuestra oficina tenía dos habitaciones pequeñas como baño para hombres y para mujeres. Creo firmemente que los baños son un reflejo del nivel de servicio y atención hacia las personas que tiene una organización. Si son agradables y bien cuidados, es una organización que piensa con detenimiento en las personas y los detalles.

Entré al baño. En efecto, el baño estaba tapado y por desbordar. Fui al armario de escobas y busqué el desatascador. Fui en puntas de pie hacia el inodoro, para que el exceso de agua no me mojara los zapatos ni el traje. Inserté con cuidado el desatascador en el inodoro y comencé a desatascarlo. No pasó nada. No estaba funcionando.

Justo en ese entonces, Hakon Fauske, mi director de operaciones, se acercó. Era un noruego de seis pies y cuatro pulgadas de alto con un leve acento y una personalidad positiva.

"Braden, ¿qué estás haciendo?", me dijo.

"El inodoro está tapado, y tenemos una presentación hoy en veinte minutos", le respondí.

"Lo estás haciendo mal. Dámelo. Tienes que prepararte para la presentación", dijo mientras tomaba el desatascador de mi mano.

Comenzó a desatascarlo con vigor, y el agua salpicaba para todos lados. Era asqueroso. Salí rápidamente del pequeño baño y seguí preparándome para la reunión.

Con cinco minutos de sobra, Hakon pudo arreglar el inodoro, limpiar los pisos y el baño y hacer que pareciera como nuevo a tiempo para que llegaran los clientes. Estaba impresionado. Para empezar, es un excelente desatascador. Pero lo más importante, no tenía la obligación de hacerlo. Eligió hacerlo. Era director de la compañía, pero se convirtió en un limpiador de inodoros por el bien del servicio. Ese era exactamente el tipo de carácter que quería para todos en CREW.

Esa noche, compré un nuevo desatascador y lo pinté de dorado. En la siguiente reunión con todo el equipo, le entregué a Hakon el primer Premio del Desatascador de Oro por ir más allá de la descripción de su puesto para servir.

Escribió su nombre en él con un marcador Sharpie, y en la siguiente reunión con todo el equipo, se lo entregó a otra persona que mostró el mismo rasgo de servicio por sobre sí misma. El Desatascador de Oro es ahora el momento más esperado de nuestras reuniones mensuales del equipo. A lo largo de los años, ha sido aceptado y entregado a docenas de empleados, y cada oficina de CREW entrega el propio. Incluso creamos un Premio de Fregador de Plata, que es un fregador de platos con una cinta plateada que se le entrega como segundo puesto en el mes.

El lenguaje en torno a este concepto ha ido incluso más allá de las reuniones del equipo y se ha extendido a nuestras prácticas de contratación. La pregunta que nos hacemos después de las entrevistas con candidatos a empleados es: "¿Esta persona será un desatascador?". Si no creemos que pueda serlo, no lo contratamos. Punto final. No podemos capacitar carácter. Tienen que ser así.

Una vida espiritual fuerte le da las herramientas y creencias para un carácter fuerte que, combinado con su ocupación profesional, abren paso para la entrega total. Es así como los líderes comienzan a ganar y a hacer trabajo que importa.

GANAR Y MEDIDAS DE IMPACTO

Los líderes de impacto cambian cómo definen el éxito y ganar.

Vengo de una familia competitiva. Esto significa que realmente nos gustan los juegos, y a todos realmente nos gusta ganar. Cada tres años, hacemos una gran reunión familiar durante una semana con más de ochenta personas en asistencia (mi mamá viene de una familia de diez hijos). Es un *shock* para cualquier persona que se casa con alguien de nuestra familia. Se sienten totalmente abrumados, pero creo que es genial. La mayoría de los viajes familiares cuando era chico giraban en torno a esta reunión, y pudimos ver la mayor parte de Canadá gracias a ellos. Cada día de la reunión tiene un tema como mini Olimpíadas con juegos de campamento, torneos de golf, días de deportes y torneos de cartas. No hay nada más entretenido que ver a tu tío de ochenta años vencer a tu primo de siete años en la carrera del huevo en la cuchara.

Esto significa que el amor por la competencia y ganar está arraigado. A casi todos los líderes y empresarios que conozco también les gusta ganar. Son competitivos por naturaleza, lo que les da el impulso de tomar riesgos, trabajar duro y lograr más que la mayoría de las personas.

Pero la forma en la que define ganar y cómo mide el éxito es primordial. El padre de la administración, Peter Drucker, es famoso por el dicho: "Lo que se mide se gestiona". Está absolutamente en lo cierto.

Cuando se trata de empresas y organizaciones, lo que se elige como medida clave del éxito es lo que dirigirá las decisiones, acciones y comportamientos de las personas.

Si mide los ingresos y la rentabilidad, sus acciones involucrarán impulsar las ventas y reducir los costos. Si mide la participación en el mercado, sus estrategias se enfocarán en derrotar a la competencia. Si mide la satisfacción de los clientes, su comportamiento se enfocará en satisfacer las necesidades de los clientes.

Ahora tome esta idea y trasládela al impacto. ¿Cómo debería medirlo? Creo que los líderes no pasan suficientemente tiempo definiendo las medidas del éxito para su vida. En cambio, usan el dinero o el tiempo como medida por defecto.

Si se está entregando a sí mismo, ¿cuál es el resultado de ese regalo? ¿Se alinea con su misión o propósito?

Así como encontrar y elaborar su misión es difícil, también lo es encontrar las medidas adecuadas para determinar el éxito. Yo tengo las siguientes dos medidas:

1. **La cantidad de líderes a los que estoy ayudando.** Esto puede ser mediante charlas, LeaderImpact, suscripciones al blog, compras de libros, familia, etcétera. También se trata de la cantidad de relaciones en las que me incorporo intencionalmente (recuerde el capítulo 6, "Vida Personal").
2. **La cantidad de dinero que estoy dando.** Quiero ganar mucho dinero e invertirlo en entidades benéficas y organizaciones que están trabajando con líderes para tener un impacto y ayudar a las personas que lo necesitan. Mi esposa y yo teníamos una meta al principio de nuestra vida juntos de vivir con el 10 por ciento de nuestros ingresos y dar el 90 por ciento. No estamos cerca de esto todavía, pero es una meta enorme y osada.

Estas medidas no son una ciencia exacta, y a veces es difícil llevar un seguimiento de ellas, pero la intención y su búsqueda es el paso importante. Mantuve mis medidas limitadas a dos, ya que sé que me desviaré si intento tener más. Una vez que tenga claras sus medidas, será mucho más fácil crear y vivir según las estrategias y metas establecidas anualmente.

DE EMPRENDEDORES A UN IMPACTO EN ALDEAS

Me encanta estar alrededor de líderes que entienden las medidas correctas para el éxito y que se entregan a sí mismos. Mi amigo íntimo, Stu McLaren, maneja una exitosa compañía llamada Tribe que ayuda a los emprendedores y a las organizaciones a construir y administrar modelos comerciales basados en membresías. Probablemente sea el mejor en el mundo en eso y gana mucho dinero. Podría gastar su bien ganado dinero en vacaciones u otros emprendimientos comerciales o guardarlo para un eventual retiro o herencia para sus hijos. Pero no ha hecho eso.

Con su esposa, Amy, usaron sus habilidades, tiempo y dinero y comenzaron una organización benéfica llamada Village Impact. Hablé brevemente sobre esta organización benéfica en el capítulo 9. Su organización benéfica construye escuelas en aldeas de Kenia para ayudar a educar e inspirar a la próxima generación de líderes. El enfoque y la esperanza es romper el ciclo de pobreza en las áreas rurales. Su compañía Tribe también dona cientos de miles de dólares al año para pagar la administración y las actividades benéficas. Les cuesta mucho a él y a sus socios. Pero eso es lo que hace un líder de impacto. Se sacrifica y entiende el costo. A través de Village Impact, están influyendo en el comportamiento positivo continuo de estos estudios y maestros. Es un plan ambicioso que está funcionando.

Pero esta es la mejor parte: no lo están haciendo solos.

Stu y Amy incentivan e incorporan a otros empresarios, amigos, familiares y clientes para que se unan a esto. Están influenciando y teniendo un impacto en los demás para captar una visión de cómo usar los negocios para tener más impacto. Han recaudado millones de dólares, tienen numerosas escuelas y tienen un impacto en las vidas con una "aldea" de personas a su alrededor.

Cada vez que pasaba tiempo con Stu, siempre me quedaba la sensación de no estar haciendo lo suficiente en el mundo. No es deprimente; es motivador. Hay un deseo en todos nosotros de convertirnos en líderes de impacto. No se convierta en un líder que tiene mucho pero solo da un poco.

CLAVES PARA RECORDAR

La entrega total se produce cuando su Vida Espiritual y su Vida Profesional se alinean. Para ayudarlo a concentrarse en esta área, recuerde lo siguiente:

1. **Todo trabajo importa.** No importa cuál es su producto o servicio; todo trabajo puede importar. Es el impacto que tiene en las personas y las relaciones lo que marca la diferencia. Trate a todos con dignidad, respeto y preocupación genuina. Limite el impacto negativo en las personas y en el medioambiente, y busque constantemente agregar más valor a la sociedad.
2. **Inspírese en su misión.** Definir y aclarar su declaración de misión personal es un gran motivador. Tómese tiempo para elaborarla y colóquela en un lugar visible en su oficina y en casa. Incluso puede hacer una remera o una taza con la misión escrita en ellas. Haga cualquier cosa que ayude a que su misión sea real para usted.
3. **Defina lo que es ganar en su vida.** Definir claramente las medidas que ayudan a cumplir su misión lo ayudará inmensamente a tener un impacto.

4. **Dé su vida.** Utilice su vida (su trabajo, influencia, finanzas y experiencia) para el propósito y la causa que le atraen.

Su rendimiento en esta inversión será mucho mayor que lo que pueda comprar o experimentar solo. Las organizaciones y entidades sin fines de lucro, como Village Impact, necesitan desesperadamente líderes que se involucren de una manera importante. Usted tiene la capacidad para hacer mucho, y lo desafío a que se entregue por completo.

Uno de mis libros favoritos de todos los tiempos sobre negocios es *Good to Great* [De bueno a extraordinario] de Jim Collins.[22] Hay un fragmento que utiliza para concluir el libro, y revela una verdad a la que este capítulo está llegando.

> Al final, es imposible tener una vida extraordinaria si no se tiene una vida con significado. Y es muy difícil tener una vida con significado sin un trabajo con significado. Entonces, tal vez logre la infrecuente tranquilidad que surge de saber que ha participado en la creación de algo de excelencia intrínseca que realiza una contribución. En efecto, puede incluso obtener la satisfacción más profunda de todas: saber que su breve paso por la tierra ha sido bien invertido e importó.

Elegir ser un líder de impacto importa. Y puede hacerlo sin importar si está vendiendo papas fritas o construyendo pozos en África. Todo puede ser trabajo bueno con un impacto en los demás en el camino usando los dones, talentos y recursos que tiene.

CAPÍTULO 11

IMPACTO (VIDA PROFESIONAL, PERSONAL Y ESPIRITUAL)

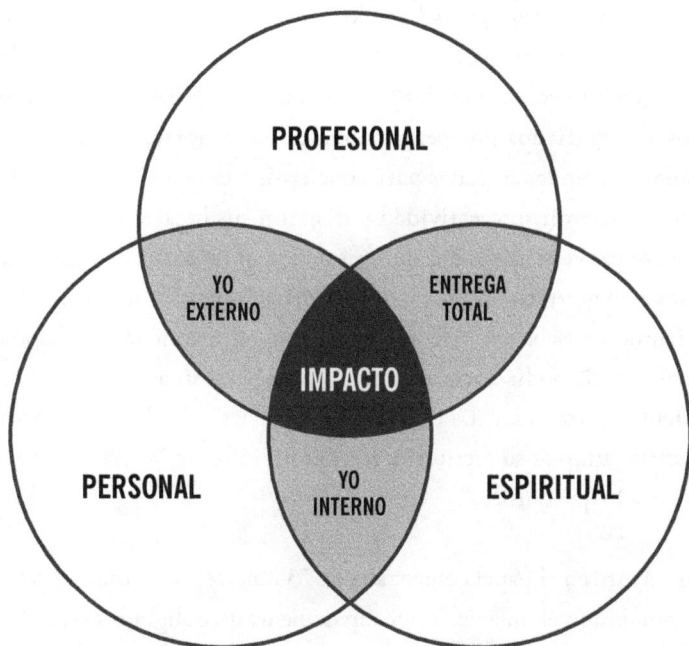

Es hora de reunir todo. La convergencia de la excelencia profesional, la optimización personal y la profundidad espiritual crea el entorno adecuado en la vida de un líder para que se produzca el impacto. Fíjese que no dije que el impacto se producirá automáticamente cuando se reúnan estos elementos. Todavía es necesario que haya una decisión de ser un líder que tiene un impacto en los demás. Tiene que existir la intención.

Quería encontrar oportunidades para tener un impacto cuando era un joven dedicado al marketing en Frito-Lay. Cada año, la oficina central de Frito-Lay apoyaba a United Way, que recauda dinero para importantes programas comunitarios que ayudan a los menos afortunados en la ciudad.

En este año en particular, los empleados de Frito-Lay crearon una subasta con determinados artículos sobre los cuales los demás empleados podían ofertar para recaudar dinero. La subasta tenía artículos muy geniales, como entradas para partidos de la NBA y NHL, recuerdos autografiados por personalidades del deporte, televisores de pantalla grande, entradas para conciertos y demás. Los empleados además usaron su creatividad y donaron sus lugares de estacionamiento para ejecutivos durante seis meses, una semana de vacaciones, almuerzo gratuito durante un mes y otros beneficios similares. Pero mientras revisaba los artículos, había uno que realmente me llamó la atención. Se podía hacer una oferta para pasar una hora con el presidente, Marc Guay. La descripción en el artículo decía que podía hacerlo "limpiar su escritorio, escribir un informe, revisar sus presupuesto; lo que quisiera".

La subasta en el papel comenzaba en 75 dólares. Nadie había escrito su nombre en él todavía. Tomé rápidamente un bolígrafo y escribí mi nombre con el precio base de la subasta.

"Braden, ¿qué estás haciendo?", me preguntó mi colega al verme escribir mi nombre.

"75 dólares es un buen precio por una hora con el presidente", dije.

"Eres nuevo, así que te compartiré un secreto. Cada año que se realiza la subasta, solo los vicepresidentes y los ejecutivos hacen una oferta en este artículo. Yo en tu lugar no lo haría", me informó.

"Bueno, probablemente hagan una mejor oferta que la mía", le aseguré.

No superaron mi oferta. Me gané una hora con el presidente por 75 dólares. Aparentemente, a toda la compañía le pareció divertidísimo que este nuevo chico de marketing sea lo suficientemente atrevido para hacer una oferta en ese artículo. Probablemente querían ver el desastre que se produciría y apostar durante cuánto tiempo conservaría mi trabajo después de ello.

Al día siguiente, me acerqué a la asistente del presidente para programar mi hora.

"Marc tiene tiempo para verlo dentro de tres meses. ¿Está bien?", me informó.

"Lo acepto", dije... como si tuviera opción.

Tres meses era mucho tiempo de espera, pero supongo que una hora aleatoria con un joven empleado no estaba arriba de todo en la lista de prioridades del presidente. También me daba un poco de tiempo para pensar en qué le iba a pedir que hiciera por mí.

Pasó el tiempo, y solo faltaba una semana para mi hora. Tenía un plan, pero no se lo quería decir a nadie.

"¿Qué vas a hacer que haga?", me preguntaban mis compañeros de trabajo.

"No puedo decírtelo. Es una sorpresa", decía.

El día antes de mi hora con el presidente, el Vicepresidente de Marketing, Dale Hooper, me llamó a su oficina. Me hizo sentarme ante una pequeña mesa mientras él se reclinaba contra su enorme escritorio.

"Dime, ¿qué le vas a pedir a Marc que haga en tu hora con él?", preguntó.

"No puedo decírtelo. Es una sorpresa", dije. Me di cuenta inmediatamente que no le gustó esa respuesta.

"Braden, me gustas. Creo que tienes un futuro aquí. Tienes que decírmelo", me dijo. Su tono se volvió más severo.

"Lo siento. No puedo decírtelo. Pero tienes que confiar en mí que va a estar bien", dije.

"Está bien. Es tu vida", me dijo mientras me acompañaba a la salida de su oficina.

Llegó el día siguiente, y estaba emocionado. Llegué a la oficina del presidente diez minutos antes de nuestra hora programada y esperé.

"Marc, puede verte ahora. Llegará en unos minutos, pero te acompañaré a su oficina", dijo su asistente.

Me acompañó al interior de la gran oficina de la esquina. Su escritorio era de color caoba profundo y estaba adyacente a otra mesa redonda robusta con cuatro sillas a su alrededor. La oficina estaba decorada con libros, premios y ejemplos de algunos de los refrigerios más famosos.

Para mi sorpresa, su asistente siguió caminando por la oficina y abrió una puerta lateral.

Llevaba a una pequeña sala de reuniones ejecutivas con una larga mesa y ocho sillas. Había un bar completo y un refrigerador lleno de comida, refrigerios y diferentes tipos de bebidas. Estaba completamente a otro nivel. Pude vislumbrar cómo eran las reuniones del 1 por ciento. Me hizo sentarme en un extremo de la mesa.

"Hola, Braden, perdón por haberte hecho esperar", dijo Marc. Tenía un leve acento francés canadiense y era alto con el cabello castaño peinado hacia atrás.

"Está bien. Gracias por tomarte el tiempo", dije. "Tengo pensado algo para nuestra hora juntos".

"Genial. Siento curiosidad por ver qué es lo que haremos", dijo.

Estaba nervioso, mi corazón estaba latiendo fuerte, pero ya estaba comprometido, así fui adelante. Saqué una hoja de papel con una planilla de Excel. Había escrito varios proyectos grandes en los que había estado trabajando en los últimos meses. Junto a cada proyecto había una fila de nombres de personas que habían sido fundamentales en ese proyecto, incluidos proveedores, consultores externos, gerentes de planta, personal de finanzas y agencias publicitarias. Junto a cada nombre había un elemento específico en el que se habían desempeñado bien en ese proyecto y su número de teléfono.

"Marc, me gustaría que llames a estas personas y les hagas saber en nombre de Frito-Lay que aprecié su trabajo en el proyecto", dije.

"Está bien. Es tu hora", comentó.

Me daba cuenta de que estaba un poco preocupado por tener que llamar a estos extraños, pero obedeció. Llamó a unas quinces personas, y el 90 por ciento de las veces, les dejó un mensaje de voz.

Esto proceso llevó unos cuarenta minutos. Teníamos veinte minutos restantes.

"¿Algo más?", dijo.

"Solo algunas cosas más", le respondí. Saqué dos tarjetas de mi portafolio.

"Me gustaría que escriba estas tarjetas para el Vicepresidente de Marketing y el director de Marketing para hacerles saber que lo que aprecia de ellos y el trabajo que han estado haciendo", le dije.

"Bueno", dijo.

Tomó las tarjetas y el bolígrafo y comenzó a escribir un breve texto en cada tarjeta. Una vez que terminó, las colocó en el sobre y escribió sus nombres de pila en la parte de adelante de cada tarjeta.

Esto proceso llevó otros quince minutos. Quedaban cinco minutos.

La última línea en el documento de Excel era el nombre de su esposa y dirección personal y el número de un florista.

"Para nuestro último ejercicio, me gustaría que ordenes flores para tu esposa", dije.

"¿De verdad?", preguntó. "Está bien. Es tu hora".

Marc llamó al número del florista y ordenó un ramo para su esposa. Tenía mi tarjeta de crédito lista, pero hizo un gesto con la mano indicando que no, y le dio al florista el número de su propia tarjeta Visa.

"También me gustaría ordenar otro ramo", dijo.

Luego se puso el teléfono en el hombro y me preguntó la dirección de mi novia. Esa fue una gran sorpresa. Le di la dirección, y completó la orden. Nuestro tiempo ahora se había terminado.

"Gracias, Marc, por tu tiempo. Realmente lo aprecio", dije.

"No, gracias a ti. Fue muy diferente a lo que esperaba, pero de una buena manera", comentó.

Salí de su oficina y entregué las dos tarjetas a mi director y al vicepresidente. Me preguntaron cómo me fue y qué habíamos hecho.

"Bien", respondí. "Solo hablamos de mis proyectos y de las personas con las que trabajamos".

Al día siguiente, recibí varios mensajes de voz y correos electrónicos de agradecimiento de las personas en la lista de proyectos. Una de las agencias le reenvió el mensaje de voz de Marc a toda su oficina como incentivo. A mi novia, Jen, que ahora es mi esposa, le encantaron las flores. Lo más importante fue que Marc se acercó a mí unos días después.

"Gracias, Braden. Fue una hora significativa para mí, y a mi esposa le encantaron las flores", me dijo con una gran sonrisa y me dio una palmada en la espalda como entre miembros de un equipo.

Mi esperanza era tener un impacto en él y en las personas con las que trabajo. Me di cuenta de que no se necesitaban grandes actos o usar mucho tiempo o dinero para marcar una diferencia. Solo se necesitaba intención.

La intención es un plan. Nunca hacemos planes para fallar; simplemente solemos fallar en la planificación. Para este punto en el libro, debería saber *por qué* quiere convertirse en un líder de impacto. Tiene que comenzar con en *quién* se enfocará. Decida *qué* va a hacer. Luego colóquelo en su calendario para asegurarse *cuándo* y *cómo* lo hará.

Usaré a mi esposa Jen como ejemplo cercano. Ella lidera grupos de mujeres y les enseña a estudiar la Biblia. Es una gran maestra y tiene cientos de mujeres que la acompañan en línea cada miércoles por la noche. Pero me di cuenta de que necesitaba un mejor entorno en casa. Coloqué en mi calendario que tenía que comprar luces, una cámara y un micrófono mejor y contraté a un contratista para que lo construyera en la oficina de nuestra casa. Dios sabe que soy un inútil con un martillo. Iba a llevar trabajo y un poco de dinero. Pero, ¿qué le demuestra esto a mi esposa? Que estoy comprometido con ella. La estoy incentivando a usar sus dones y sacrifico tiempo y dinero para que le vaya bien. ¿Dónde está el impacto? La estoy ayudando a sobresalir, y a su vez ella está ayudando a más personas.

Este es un pequeño ejemplo. Pero es allí donde comienza el impacto.

¿En dónde puede ser intencional con su influencia e impacto en los demás? ¿Cómo podría sorprender, incentivar o apoyar a su cónyuge? ¿A sus hijos? ¿A sus empleados o sus clientes? ¿Con qué organización sin fines de lucro podría asociarse?

Siga buscando oportunidades, haga un plan y luego ejecútelo de inmediato. Es así como los líderes de impacto comienzan y siguen avanzando.

UN LÍDER DE IMPACTO

¿Cómo sabe cómo se ve un líder de impacto? ¿Cómo puede saber cuándo usted mismo u otras personas lo están viviendo? En mi experiencia, hay siete características principales que son evidencia.

Estas pueden variar en grado, pero los principios de estas características tomados de los temas que discutimos siguen siendo válidos.

LAS SIETE CARACTERÍSTICAS PRINCIPALES

1. Está impulsado por un **propósito satisfactorio** que se enfoca en el mejoramiento de los demás.
2. Confronta y **resuelve conflictos** en relaciones con diligencia y cuidado.
3. Muestra **amabilidad y paciencia** en medio del estrés, la tensión o la frustración.
4. Es **generoso** con sus consejos, tiempo y finanzas hacia las personas y las causas que le interesan y por las que siente pasión.
5. Es **disciplinado** con su salud personal, metas de desarrollo y actividades para asegurarse de tener la energía y la capacidad necesarias para las personas y los proyectos que importan.
6. Está en **comunidad** con otras personas que piensan parecido y que los responsabilizan, los incentivan y los incitan a realizar cosas más grandiosas.
7. Es **intencionado** con respecto a tener un impacto sobre los demás.

Cuando miro esta lista y reflexiono sobre mi propia vida, me doy cuenta de que hay momentos en los que siento que tengo todas las características y momentos en los que me siento como un fracaso total. Si fuera un péndulo, estaría oscilando de un lado a otro. Me he dado cuenta con los años de que esta sensación de péndulo es normal. La vida sucede, y uno tiene diferentes épocas en la vida. Pero en general, debería ver progreso como líder al ser intencionado y aprovechar las oportunidades de impacto.

UNA VIDA DINAMITA

En 1864, Alfred Nobel, a los 31 años, estaba experimentando con explosivos mientras trabajaba en la planta de fabricación de su familia en Suecia.

Un gran accidente con los explosivos se cobró las vidas de cinco personas, incluido el hermano menor de Alfred, Emil. Alfred estaba devastado por la pérdida. Ya sea que se culpara a sí mismo o no, no estamos seguros, pero lo impulsó a buscar un explosivo más seguro. En 1867, Alfred patentó una mezcla de nitroglicerina y una sustancia absorbente, que denominó "dinamita". Boom: una fortuna a su alcance. Pero ese no fue el impacto.

En 1888, el hermano de Alfred, Ludvig, murió en Francia. Un periódico francés publicó el obituario de Alfred por error en lugar del de Ludvig. ¿Se imagina si alguien le enviara un obituario desde Francia sobre su vida y muerte? ¿Qué diría? Por desgracia para Alfred, el obituario falso no era amable con él. Condenaba a Alfred por crear la dinamita y traer tanta muerte al mundo por las naciones que la usaban como explosivo militar. Estaba perturbado. Tenía 55 años en ese momento, y así no era como quería que lo recordaran o el legado que quería dejar en esta tierra.

¿Qué podía hacer? ¿Qué haría usted si fuera él?

Nobel era un inventor. ¿Podría inspirar a otros inventores a lograr, crear e inventar para un bien mayor? Alfred utilizó gran parte de su patrimonio para establecer los Premios Nobel. Estos premios monetarios y públicos distinguirían a hombres y mujeres por logros excepcionales en física, química, medicina y literatura y por trabajar para lograr la paz.

No llegó a ver como se entregaban muchos de sus premios. Unos pocos años después, cuando Alfred tenía 66 años, murió de una apoplejía en Italia. Su patrimonio dejó $250 millones (el equivalente en dólares estadounidenses en la actualidad) para financiar los Premios Nobel. Dejó un legado que tendría un impacto en millones.

¿No sería bueno tener un cuarto de mil millones de dólares con los que dejar un impacto?

Pero la cantidad no es lo importante. Es la intención. Alfred tenía que crear la idea, prepararla, involucrar a las personas adecuadas y asegurarse de que continuara después de su muerte. Tenía que tener un buen plan. No lo dejó al azar. Había acumulado mucho, y, por ende, dio mucho. Estaba siendo responsable con lo que él recibió. Le dio forma al cambio que quería ver en el mundo.

DE LEYENDA DEL HOCKEY A LEGADO DE LIDERAZGO

Otro líder que tomó lo que recibió y lo usó para tener un impacto duradero fue Paul Henderson.

"Braden, Dios tomó un gol de casualidad en la década de 1970 y lo usó de una manera poderosa", Paul me dijo un día.

Si no sabe quién es Paul Henderson, es un icono canadiense del hockey. Era jugador profesional de hockey en la Liga Nacional de Hockey en la década de 1960 y 1970. Pero alcanzó la fama cuando compitió para Canadá en la Summit Series de 1972, que era una competencia de ocho partidos contra la Unión Soviética. Era la primera vez que jugadores profesionales de hockey podían jugar en una competencia internacional, y el mundo quería ver a los dos mejores países competir con sus mejores jugadores. Se jugaron cuatro partidos en Canadá y cuatro en la Unión Soviética. Dado que se produjo durante la época de la Guerra Fría, las tensiones estaban altas.

Paul anotó los goles necesarios para ganar en el partido seis y nuevamente en el partido siete, pero, asombrosamente, su gol más famoso vendría en el octavo partido con el marcador empatado.

Paul volvió a anotar el gol necesario para ganar cuando tan solo quedaban 34 segundos. Todo Canadá se volvió loco, y la imagen de Paul saltando y siendo rodeado por sus compañeros de equipo se vería durante muchas décadas. Fue aclamado como "el gol del siglo".

Pero solo fue un gol en un partido en el que uno patina sobre el hielo y mete un disco de goma en una red. Sin embargo, la carrera como jugador y el gol de Paul le crearon una plataforma. El hockey le dio influencia. Lo que él hizo con esa influencia es lo que lo separa como líder de impacto.

Paul tenía una gran Vida Profesional en el hockey. Su Vida Personal era sólida también. Se casó con Eleanor, su noviecita de la escuela secundaria. Tienen un matrimonio fantástico con tres hijos y ahora siete nietos. Paul y Eleanor fueron oradores en FamilyLife durante años y ayudaron a otras parejas a tener un matrimonio fuerte. Paul también es un orador motivacional y ha hablado ante miles de personas en algunas de las corporaciones más importantes de Canadá.

Sin embargo, lo que realmente separa a Paul es su Vida Espiritual. Paul se convirtió en cristiano y dedicó su vida a Dios cuando estaba jugando para los Toros de Toronto en 1975. Cuando los Toros se mudaron a Birmingham para convertirse en los Bulls de Birmingham a fines de la década de 1970, Paul conoció a John Bradford en su iglesia, y cambió su vida.

"Paul, ¿por qué no te unes a mi grupo de discipulado para hombres?", John le preguntó. "Es un grupo de jóvenes que necesitan echar raíces más fuertes en su Vida Espiritual. Creo que te gustará".

"Por supuesto. Iré", dijo Paul.

Este grupo cambió la vida de Paul. Durante tres años, John les enseñó a los jóvenes cómo pasar tiempo con Dios, qué significaba vivir fielmente y cómo ser líderes. Cuando existió la necesidad de comenzar otro grupo, John supo a quién pedirle que lo lidere.

"Paul, hay unos jóvenes que han venido a la fe y necesito un líder que maneje este grupo", dijo John.

"Está bien. Pero no puedo liderar al grupo de la forma en que tú lo haces", le respondió Paul.

"Y no deberías. Lidéralo a tu manera y marca el ritmo que quieras", dijo John.

Paul asumió el desafío y lideró este grupo durante varios años. Le encantaba. Estableció un estándar elevado para el grupo desde el principio.

"Comenzamos a horario y terminamos a horario. Y si yo vengo preparado, entonces espero que ustedes también", decía.

En 1984, después de retirarse del hockey profesional, Paul se mudó de vuelta a Canadá. Aprovechó su fama en Canadá con Athletes in Action y habló en escuelas, empresas y eventos deportivos durante más de un año. Luego, en 1986, quiso volver a liderar grupos. No había nada parecido a los grupos que vio en Birmingham, y quería empezarlos en Canadá. Habló con tres empresarios acerca de su visión, y, juntos, comenzaron un grupo en el centro de Toronto. Poco tiempo después, un abogado llamado Fred Christmas preguntó si Paul podía liderar a un grupo en su ciudad de Hamilton. Paul se lanzó ante la oportunidad. La visión de Paul era tener 25 grupos de líderes que vieran cambio en la vida real, y lo llamó Leadership Group.

En 2007, Leadership Group se unió con Leadership Ministries para formar LeaderImpact, que ahora opera en más de 25 países de todo el mundo, con cientos de grupos y miles de líderes involucrados. Su modelo de grupos todavía se sigue usando actualmente.

Paul usó su plataforma para tener influencia en líderes que cambiaron sus vidas. Su sacrificio y trabajo crearon un movimiento que vale la pena seguir y una vida de impacto. Usted puede hacer lo mismo.

EL PROBLEMA CON EL PETRÓLEO

He usado algunos grandes ejemplos de líderes que tenían grandes plataformas, pero tampoco es necesario ser una celebridad o atleta profesional para tener un impacto. Bruce Edgelow es un ejecutivo de negocios que financia y trabaja considerablemente en la industria del petróleo y del gas. En 2015, el precio del petróleo se desplomó, y continuaba en baja sin respuesta a la vista. Como una de las mayores prestamistas, su compañía tenía millones de dólares en riesgo. Tenía un plan para el impacto.

Bruce convocó una gran reunión con los directores ejecutivos y presidentes de las compañías que les debían dinero y que estaban en problemas. Todos los invitados concurrieron.

Cuando llegaron todos, había mucha ansiedad en la sala. Los ejecutivos que hace algunos años estaban en la cima ahora se enfrentaban a la peor situación económica de sus carreras. Unos expertos iniciaron la reunión discutiendo el estado actual y futuro de la industria del petróleo, y luego Bruce se levantó para hablarle al grupo. Muchas de las personas que estaban en la sala esperaban que Bruce los atacara por desperdiciar dinero, inflar presupuestos y tener una planificación deficiente, pero no lo hizo.

Aprovechó esta oportunidad para hablar de algo más profundo.

Bruce compartió cómo él, como líder, encuentra esperanza cuando las circunstancias son malas. Les habló sobre dar un paso adelante como líderes en tiempos difíciles y la importancia de la familia y las relaciones y compartió cómo su fe personal le brinda perspectiva sobre su identidad.

Bruce básicamente les enseñó cómo convertirse en líderes de impacto en sus Vidas Profesionales, Personales y Espirituales. Es hermoso. Cuando enseña y mueve a las personas hacia un comportamiento positivo continuo, eso es impacto.

La devolución de las personas que asistieron a la reunión fue excepcional también. Fue una de las mejores reuniones que ha organizado Bruce. Aprovechó una oportunidad y su influencia para tener un impacto sobre las vidas de los líderes que, a su vez, tendrán un impacto en las personas a las que lideran.

¿Ve cómo cualquier líder puede vivir una vida de impacto? Puede ser un gesto intencional que tenga un impacto en alguien cercano a usted. Puede ser una pequeña acción que se convierta en algo más grande. Puede ser una base que deje un legado.

El impacto se produce cuando su Vida Profesional, Personal y Espiritual se optimizan y se alinean.

CLAVES PARA RECORDAR

Creo verdaderamente que los líderes tienen el potencial para cambiar el mundo. Necesitamos personas como usted que den un paso adelante y lleven una vida de impacto. Para ayudarlo a hacer esto, recuerde lo siguiente:

1. **Comprométase con el impacto.** Querer una Vida Profesional, Personal y Espiritual fuerte requerirá comprometerse con hacer el trabajo.
2. **No será perfecto; nadie lo es.** Pero seguirá mejorando si está dispuesto a continuar. Esta no es una dieta para probar y ver si obtiene resultados. Esta es una decisión de vida. Es una decisión de decir que quiere convertirse en un líder de impacto.
3. **Busque oportunidades.** Cada persona u organización con la que interactuemos crea una oportunidad de impacto. Esté abierto. Esté disponible. Sea intencionado. ¿Puede hablar e incentivar a alguien en su vida? ¿Puede enviar a una estrella en ascenso a una oportunidad de capacitación necesaria? ¿Puede ayudar al familiar de un empleado a superar la adicción? ¿Puede sorprender a su cónyuge con una cita divertida o un pequeño regalo? ¿Puede apoyar a una organización benéfica con su empresa de una manera más considerable? ¿Puede comprar una hora con un presidente? No sé, digo yo.
4. **Planifique para el impacto.** Cuando vea una oportunidad, comience a planificar para el impacto. ¿Qué va a hacer, cómo lo va a hacer y para cuándo? Me di cuenta que yo necesito programar todo, incluso las acciones espontáneas. Con esto me aseguro de hacer todo. Recuerde que no hay impacto sin acción.

Una de las canciones exitosa de Michael Jackson de su álbum *Bad* estaba diseñada para llevar un poco de "sol al mundo". Esto hubiese sido especialmente importante durante la pandemia de COVID-19. El título era "Man in the Mirror". Una parte de los ingresos derivados de la canción en la década de 1980 iba a la Casa Ronald McDonald para los niños con cáncer. El argumento de la canción es simple. Si quiere que este mundo sea mejor, uno tiene que ser el que cambie primero. Incluso puede probar dando un grito a lo MJ mientras canta.

El rey del pop estaba en lo cierto. Si quiere ser un líder de impacto, comienza con usted. Pero no puede hacerlo solo.

CAPÍTULO 12

NADIE TIENE ÉXITO SOLO

Estaba mirando una entrevista de un hombre que construyó un exitoso grupo de concesionarias de autos en Michigan. Estaba dando un recorrido por su mansión, y salió a un gran patio en el medio de su casa. En el centro había una fuente redonda con una estatua en el medio.

"Esta es mi obra de arte favorita en toda la casa", dijo señalando la estatua de estilo monumental. "Es el *Hombre hecho a sí mismo* del escultor Bobbie Carlyle. Y me encanta. Se aplica a mi vida y a mi éxito".

Estaba allí sentado y me sentía mal por él. Claro, era exitoso y había superado obstáculos y una crianza familiar dura, lo que es admirable. Pero se perdió de una verdad importante.

Nadie tiene éxito solo. Jamás.

La cuestión es si lo reconocen o no.

Imagínese trabajar para alguien o con alguien que realmente crea que se hizo a sí mismo. ¿Estaría dispuesto a recibir críticas y correcciones?

¿Delegaría efectivamente y les daría autonomía a los demás? ¿Desarrollaría a las personas a su alrededor y les permitiría tener éxito o sobrepasarlo? Probablemente no. Sería asfixiante y lo más probable es que genere una cultura narcisista.

Puede tener éxito económico pero tener un impacto. Al menos no de la manera en la que lo definimos.

Hay un equipo que todos necesitamos además del equipo en la empresa u organización directa. No me malinterprete; el equipo en su trabajo es clave, y se necesitan entre ustedes para lograr resultados, pero a los efectos del impacto en su vida, necesita otro equipo. Estas son las personas en su vida que tienen un rol específico necesario para mantenerlo en camino.

A estos roles yo los denomino Protector, Impulsor y Junta.

PROTECTOR

Piense en la película con Kevin Costner y Whitney Houston, *El guardaespaldas*, una película clásica que definitivamente hace que demuestre mi edad. Kevin Costner era un gran guardaespaldas de una cantante famosa interpretada por Whitney Houston. Su trabajo no solo era protegerla del peligro inmediato sino planificar hacia el futuro y advertirle acerca de obstáculos, comportamientos o acciones que pudieran llevar a algo perjudicial.

Como líder, usted tiene influencia y desempeña un rol importante en la vida. Si quiere tener impacto, necesita protegerse de acciones, comportamientos o circunstancias que podrían perjudicarlo, desacreditarlo o sacarlo del camino. En la mayoría de los casos, no siempre puede ver estas cosas, y es por eso que necesita un protector.

Al crecer, mi mamá era mi protectora, como me imagino que lo son muchos padres. Mi mamá estaba atenta a mí, me responsabilizaba por mis acciones e incluso me obligaba a descansar cuando lo necesitaba. Recuerdo que en ese momento odiaba esto en parte, pero es lo que necesitaba. Ahora, mi esposa, Jen, es mi protectora. Me conoce mejor que lo que yo me conozco a mí mismo. Me dice si estoy trabajando demasiado o si no estoy durmiendo lo suficiente. Me recuerdo que tengo que pasar tiempo intencional con ella y con los niños, ya que tiendo a distraerme y a enfrascarme en el trabajo. Me deja saber si no estoy pensando en una cuestión con la perspectiva adecuada. Puede ser inmensamente frustrante por momentos, pero sé que lo necesito. Y como me ama, sé que me está protegiendo por mi propio bien para que pueda hacer las cosas que importan y ser el líder de impacto para las personas que importan.

Necesita un protector en su vida. Puede ser un cónyuge, pareja, familiar, amigo íntimo o alguien que lo conozca bien y lo ame. Lo responsabilizarán y lo ayudarán no solo a establecer límites sino a permanecer dentro de ellos. Si tiene a alguien, asegúrese de que sepan que aprecia su protección. Si no tiene a nadie, comience a encontrar a esa persona o conviértase en protector de otra persona, y verá que esa persona hará lo mismo por usted.

IMPULSOR

Si ha viajado a Tokio, Japón, y ha experimentado un viaje en subterráneo a la hora pico, habrá notado los *oshiya*. Son empujadores del tren. Vestidos con un uniforme formal, su rol es asegurarse de que todos los pasajeros hayan abordado y nadie quede atrapado en las puertas. Son famosamente conocidos por dar un empujoncito suave pero firme hacia el tren si es necesario. Es una buena imagen mental de un tipo de persona que necesita en su equipo: un impulsor.

Como el nombre lo implica, un impulsor lo empuja para moverse en la dirección correcta. Lo impulsarán a salir de su zona de confort o lo ayudarán a dar ese siguiente paso que estuvo posponiendo y se asegurarán de que no se quede atascado en la vida. Lo motivan.

Un amigo mío, Nathan Hildebrandt, es un impulsor. Está en el equipo global de LeaderImpact y es conocido por darles a los líderes un impulso para comenzar a vivir una vida de impacto. No es prepotente, pero tampoco siente vergüenza en presentar una oportunidad y darle un empujón para tomarla. Cuando viajé a El Salvador con LeaderImpact en 2004, estaba nervioso. Nathan lideraba el viaje con unos 40 líderes de América del Norte, y estábamos hablando con líderes comerciales y estudiantes en universidades sobre valores, estrategia comercial y la importancia de su vida espiritual.

"Braden, nos gustaría que le hables a un grupo grande de jóvenes profesionales mañana a la noche", me dijo Nathan.

"No estoy realmente preparado. No creo que sea adecuado para mí", dije.

"Tonterías. Te irá genial. Les diré que has dicho que sí", dijo con un tono entusiasta que dejaba en claro que realmente no tenía opción.

Terminé hablándole al grupo de jóvenes profesionales. No estaba preparado y no sentía que podía dar una presentación extraordinaria. Mis nervios estaban a tope, pero Nathan me impulsó a hacerlo.

¿Y saben qué? Muchos de los jóvenes profesionales se nos acercaron y nos dijeron lo mucho que los había impactado. Terminó siendo el mejor momento del viaje para mí y me dio una visión y pasión renovadas por ayudar a los líderes.

El empujón de Nathan era exactamente lo que necesitaba.

Todos necesitamos impulsores en nuestra vida para ayudarnos a tomar acción. Escúchelos. Como dijo Pablo Picasso, el famoso artista, una vez: "La acción es la clave fundamental de cualquier éxito". A veces necesita un empujón suave pero firme para llegar allí.

JUNTA

Como líder, tiene que tomar decisiones todo el tiempo. Para eso le pagan gran cantidad de dinero. La parte difícil es cómo tomar las decisiones correctas en diferentes situaciones cuando hay muchos caminos adecuados que se pueden tomar. Es el motivo por el que hay miles de libros sobre liderazgo para ayudarnos a navegar y crear estrategias para hacerlo.

Pero hay una solución posible comprobada para los líderes. Una junta.

¿Sabe por qué las compañías públicas tienen un directorio como parte de su estructura de gobierno obligatoria? Para ayudar a los líderes a tomar mejores decisiones. Las compañías saben que un líder necesita de otras opiniones, habilidades, experiencias o conexiones para ayudarlo a tomar las decisiones que llevarán al crecimiento y para responsabilizarlo y mantenerlo en camino.

Como este capítulo está intentando ayudarlo a entender, no puede ser efectivo solo. Necesita una junta. Trabajo con empresarios y uno de los motivos por los que disfruto ser un empresario es la libertad que uno tiene. Sin embargo, muchos grupos y organizaciones como YPO (Young President's Organization), Vistage, EO (Entrepreneur Organization) o LeaderImpact han crecido rápidamente porque satisfacen una necesidad en la vida de un líder.

Los líderes necesitan un lugar seguro para hablar sobre negocios y problemas de la vida, y para recibir consejos de personas objetivas a fin de ayudarlos a navegar su mundo.

Ya sea que se una a un grupo o comience su propia junta asesora, necesita personas que lo conozcan y que tengan experiencia en darle los consejos adecuados.

El rey Salomón, que era visto como uno de los reyes más sabios de la historia, dijo este proverbio: "Los planes fracasan por falta de consejos, pero triunfan cuando hay muchos consejeros".[23]

Tenga una junta en su vida, y verá los consejos colectivos sí generan un mejor éxito.

TUTORÍA

El tema de la tutoría suele surgir con frecuencia entre líderes, especialmente con jóvenes aspirantes a líderes.

Menos del 10 por ciento de los líderes en nuestra encuesta tienen un tutor comprometido con su desarrollo en todos los aspectos de la vida. Otro 32 por ciento tiene un tutor en su lugar de trabajo, ya sea un supervisor o una persona de la que es subordinado directo. Simplemente tenga cuidado: siempre hay una advertencia con tutores relacionados con el trabajo ya que el contrato laboral suele interponerse. ¿Realmente se preocupan por usted en toda su persona o están más preocupados por obtener lo que la organización necesita del rol que usted ocupa y cómo hacer para que usted sea más productivo? Es una línea delgada.

Saber qué quiere de un tutor, por qué quiere uno y encontrar uno es muy difícil.

Cuando trabajaba en Frito-Lay, el departamento de Recursos Humanos creó una iniciativa de tutorías que seleccionaba a empleados más jóvenes y los juntaban con un gerente o director de otra función. Mi tutor era un director de operaciones que supervisaba la producción en una de las plantas de papas fritas. Nos reuníamos cada dos semanas durante una hora o durante el almuerzo para conocernos, discutir qué estaba pasando y responder preguntas que tenía sobre el desarrollo profesional o el negocio.

Era un buen hombre, pero la relación, y eventualmente el programa, fue decayendo. Estas son las iniciativas que comienzan con mucha promesa, van perdiendo fuerza y luego simplemente quedan olvidadas en el armario corporativo de fracasos. La intención de crear relaciones interfuncionales era muy buena. Conectar a jóvenes líderes con un veterano experimentado es brillante. Mantener una relación basada en la confianza mutua es difícil. ¿Podría ser totalmente honesto con él? ¿Para hacerle saber que estoy teniendo dudas sobre mi empleo en Frito-Lay? ¿Para señalar inseguridades o áreas vulnerables en mi carácter? Ni loco. La probabilidad de que lo comparta con mi director o con Recursos Humanos sería un riesgo profesional.

Después de la cuarta vez que nos reunimos, ambos nos quedamos sin preguntas superficiales y estrategias relacionadas con el negocio que discutir. Él tampoco sabía cómo avanzar una relación o desarrollar a alguien fuera de su área funcional. Supongo que la capacitación de tutores de Recursos Humanos tenía sus límites. Ambos queríamos que funcionara. Pero no fue así. Otras personas en el programa tuvieron una experiencia similar, y es por eso que fue decayendo, y encontramos otras áreas, más productivas, a las que dedicarles nuestro tiempo.

Las relaciones formales con tutores que funcionen son muy raras. Si ha encontrado una y está funcionando, valórela. Creo que muchos líderes desean tener un icono de negocios como Warren Buffett o Peter Drucker como tutor.

Se imaginan reuniéndose regularmente, riéndose, armando estrategias, llorando y siendo motivados por ellos para lograr la grandeza. El 99.8 por ciento de ustedes no van a lograr tener una celebridad como tutor. Pero no es necesario.

Al hablar con muchos líderes, generalmente son guiados por diversas personas en diversos momentos de sus vidas. Busque personas en su vida y tenga la intención de tomarse un café con ellas. Prepare preguntas y no tenga miedo de hacer las preguntas más profundas. Los tutores quieren compartir conocimiento, pero muchos de ellos no saben dónde comenzar o qué necesita. Tiene que hacerse cargo de su vida y preguntar lo que necesita.

Así como usted puede querer tener un tutor, hay líderes que quieren tenerlo a usted como tutor. Tómese tiempo para ellos, pero no se apodere de la relación: el pupilo tiene que estar deseoso y querer su opinión. Es como el dicho: "Cuando el estudiante esté listo, el maestro aparecerá".

LOS YOKE FELLOWS

¿Recuerda al Dr. Keith Dindi de Kenia, que mencioné en el capítulo 6? Tiene un grupo pequeño de cuatro amigos que son un gran ejemplo de la importancia de estar con otros líderes.

"Nos llamamos los 'Yoke Fellows'", dijo. "Es un grupo intencional que se asegura de que vivamos la vida de impacto que estamos destinados a vivir. No tenemos miedo de hacernos preguntas sobre cuestiones difíciles, como relaciones matrimoniales, ética comercial y responsabilidad espiritual. Rezamos y nos incentivamos los unos a los otros.

Sin lugar a dudas, nos apoyamos entre todos. Valoro esta banda de hermanos, y hemos trabajado duro a lo largo de los años para mantener esta relación."

Me encantó escuchar esto de él. Hay dos aspectos importantes de sus Yoke Fellows que siento que debo destacar para usted. En primer lugar, se apoyan entre ellos. No están dispuestos a dejar que sus amigos cometan errores tontos y están dispuestos a hacer las preguntas más difíciles, lo que podría ofenderlos. Pero esto es lo que hacen los verdaderos amigos.

En segundo lugar, han trabajado duro para mantener esta relación. Construir un grupo de amigos hasta llegar al punto de ponerle un nombre, como los Yoke Fellows, lleva tiempo. Se requiere esfuerzo para promover amistades profundas, y es por eso que, como líder, probablemente no tenga demasiadas de ellas. No siempre he sido bueno manteniendo el contacto con personas y promoviendo amistades. A veces no podía encontrar tiempo de sobra por ser una época muy ocupada con hijos chicos y una empresa en crecimiento. Sin embargo, me doy cuenta ahora de que es una mala excusa. Trabaje duro para mantener el contacto y promover buenas amistades. No es necesario tener mucho tiempo extra. Solo una intención extra y tal vez un fin de semana para jugar al golf cada año, por ejemplo. Los amigos adecuados son como el oro. Su valor siempre se revaloriza, especialmente durante tiempos difíciles.

CLAVES PARA RECORDAR

Nadie tiene éxito solo. Todos necesitamos personas en nuestras vidas que nos ayuden a crecer a nivel profesional, personal y espiritual. También necesitamos ser las personas que otros necesitan para crecer. Estos son algunos consejos para ayudarlo a mejorar juntos:

1. **Agradezca a su protector.** El protector es una figura muy importante en su vida. Generalmente lo infravaloramos o lo damos por sentado. Tómese un poco de tiempo esta semana para hacer algo especial para el protector de su vida. Regálele una cena. Envíele un regalo. Hágale saber que lo aprecia en su vida.

2. **Sea un impulsor.** Así como necesitaba un empujoncito para salir y hablar, alguien necesita eso de usted. Busque oportunidades para impulsar a las personas en las áreas en las que se destaquen. Empuje a alguien a liderar la reunión. Dele a un joven líder una tarea especial. Dígales que sí a sus hijos en un área de nueva responsabilidad. No lo harán tan bien como podría hacerlo usted, pero el crecimiento en su vida dará un gran paso hacia adelante.

3. **Guíe a alguien.** No puede decirle a alguien que usted quiere ser su tutor. El pupilo tiene que ser el que inicie y determine la relación. Pero con frecuencia, los jóvenes líderes no saben cómo preguntar o cómo es una relación, por lo que tal vez necesite incitarlos. Invite a un joven líder a tomar café o a una reunión y comience haciéndole preguntas en las tres áreas de impacto: profesional, personal y espiritual. Interésese en jóvenes líderes y busque oportunidades para compartir su sabiduría y experiencia con ellos si están dispuestos a recibirla. Si los jóvenes líderes no están deseosos de aprender, no pierda su tiempo. Deje que la fruta madura se pudra. Concéntrese en las que están verdes y están creciendo.

4. **Cultive su propio grupo Yoke Fellows.** Si tiene amigos en su vida que son tan íntimos como los Yoke Fellows, valórelos. Sigan haciéndose las preguntas más difíciles. Comprométanse con el impacto de los demás en la vida. No los deje ir por el mal camino ni involucrarse en actividades inadecuadas. Sea el amigo que los apoye y los defienda. Siempre.

La Madre Teresa conocía el valor del trabajo en equipo y trabajar juntos. Una frase popular atribuida a ella sirve de recordatorio.

Puedo hacer cosas que usted no puede hacer.

Usted puede hacer cosas que yo no puede hacer.

Juntos podemos hacer cosas grandiosas.

Si quiere lograr grandes cosas, no piense como un hombre que se hace a sí mismo. Nadie tiene éxito solo.

EL ÚLTIMO CAPÍTULO

PREPARARSE PARA EL IMPACTO

Ahora sabe que el impacto no es lo mismo que ayudar. El impacto son sus acciones que dejan un comportamiento o cambio positivo perpetuo en la vida de alguien. Se produce naturalmente cuando su Vida Profesional, Personal y Espiritual se optimizan y se alinean.

Ahora sabe cómo ser un líder que puede tener un impacto:

- Es un gran profesional con competencia en aumento. Se destaca en su pasión, búsqueda de excelencia y perseverancia.
- Su Vida Personal es intencional y está bajo control. Entiende que no puede liderar a los demás si no se lidera a sí mismo. Cuida de su mente y su cuerpo para asegurarse de tener mucha energía. Es intencionado en las relaciones y las personas en su vida. Su vida matrimonial y familiar es fuerte. Es disciplinado con su tiempo.
- Su Vida Espiritual tiene vida y significado. Está en un camino para conocer a Dios personalmente y para ser cambiado de adentro hacia afuera. Está cambiando de estar enfocado en sí mismo a estar centrado en los demás.

Sus pensamientos, motivos y deseos están centrados en la verdad, y ama a los demás genuinamente.

- Está avanzando hacia el impacto y está listo para él. Ve su trabajo como un don intencional que puede dar cada día. Las personas en su vida reconocen un cambio y le agradecen por la diferencia que está haciendo en sus vidas. Está comenzando a reconocer oportunidades para tener un impacto en los demás y está usando su talento, tiempo, habilidades, dinero e influencia para ayudar a otros.
- No está intentando ser un héroe y no está motivado para tener un impacto por la gloria o la prosperidad que pueda brindar. Ha encontrado una causa y personas por las que se preocupa. Tiene una declaración de propósito y misión personal, y sacrifica su tiempo, atención y dinero para lograr ese propósito.
- No está solo. Tiene o está buscando a su Protector, Impulsor y Junta para que se aseguren de que se mantiene en el camino, esté incentivado, tome buenas decisiones y se divierta en el proceso. Tiene personas que lo conocen, que son como usted y que no dejarán que viva una vida de egoísmo o mediocridad.

Cuando era chico, mi programa de televisión favorito era el dibujo animado de *G.I. Joe*. Se trata de los mejores soldados de las fuerzas armadas estadounidenses contra la maligna organización de Cobra. Era una increíble propaganda militar. Cada episodio terminaba con una lección de vida para los niños; por ejemplo, qué hacer si uno se corta y comienza a sangrar. El personaje de G.I. Joe te decía cómo aplicar presión sobre la herida y acudir a un adulto para obtener ayuda. Pero siempre terminaban la lección con la siguiente frase: "Ahora ya sabes... pero saber es la mitad de la batalla".

Si la mitad de la batalla es saber, la otra mitad es hacer algo con respecto a ello. Sabe lo que es el impacto, pero aplicarlo y hacer algo sobre ello es otra cosa.

Simplemente comience a jugar porque es el único jugador para su puesto.

SE ESTÁ PREPARANDO

Ha sido preparado para un propósito. Y seguirá siendo preparado. Las experiencias (buenas y malas) durante toda su vida lo han marcado y le han dado los recursos para un propósito mayor.

Piense en sus oportunidades profesionales. Las personas que apostaron por usted. La educación, los proyectos y las iniciativas que le han dado las habilidades y la experiencia que usted tiene. Los lugares que ha visitado. La familia en la que nació. Los amigos que ha hecho. La familia inmediata que tiene ahora. Sus intereses y pasiones.

No hay nadie como usted. Nunca habrá nadie como usted otra vez.

No se supone que tengamos que tener el mismo impacto que otras personas. Todos tenemos roles diferentes y formas diferentes de tener impacto en los demás. Es por eso que nos necesitamos el uno al otro si queremos ver cambios positivos en este mundo. Cuantos más líderes den un paso adelante y tengan un impacto en los demás, más cambios positivos veremos.

Es así como se hace un movimiento. Cada persona se enfoca en hacer lo que puede e inspirar a otros a hacer lo mismo.

MOISÉS ESTABA PREPARADO

Moisés fue probablemente el líder con el mayor impacto en la historia de Israel.

Los guió para salir de Egipto después de 400 años de esclavitud;

ayudó a establecer sus leyes, tradiciones y estructura gubernamental; y los lideró militarmente contra las naciones que querían aniquilarlos. La mayoría de las personas conocen la historia o han visto las películas, como *Los diez mandamientos*, *Éxodo: dioses y reyes* o *El príncipe de Egipto*, pero lo que no suelen saber es cómo Dios preparó a Moisés, incluso cuando Moisés estaba reticente.

En las conversaciones que tengo con personas, siento que ponen mucho énfasis en el desarrollo espiritual de los líderes de la Biblia. Es verdad que se necesita un amor verdadero por Dios y compromiso. Pero cuando Dios quiere usar a un líder para el impacto, también los prepara a nivel profesional, personal y espiritual. No es aleatorio, y no solo la persona con profundidad espiritual es la que es elegida para tareas importantes.

Moisés necesitaba lograr una de las tareas más importante en la historia de Israel. Necesitaba ser preparado. No había educación formal para los israelitas en su época. Eran esclavos. ¿Cómo podría Moisés, un israelita, aprender el idioma, las leyes, la estructura gubernamental y las tácticas militares? Dios tuvo que encontrar una forma.

Cuando Moisés era bebé, el Faraón egipcio ordenó que mataran a todos los niños menores de dos años, ya que tenía miedo de que hubiera un levantamiento algún día. La madre de Moisés lo colocó en una canasta en el río Nilo para evitar a los soldados. La hija del Faraón lo encontró y lo llevó al palacio. Lo adoptó como su propio hijo, y Moisés recibió el mismo privilegio, educación y oportunidad como miembro de la familia real.

Nadie podría haber predicho que esta sería la forma de educar a n israelita. Pero el desarrollo profesional no es suficiente para tener un impacto, y Moisés no estaba listo.

Mire lo que hace Moisés, como se cuenta en Éxodo 2:11-12 ("El mensaje").

> Pasó el tiempo. Moisés creció. Un día, fue a ver a sus hermanos y los vio en sus duras tareas. Luego observó a un egipcio que golpeaba a uno de los hebreos, sus hermanos. Entonces miró a todas partes, y viendo que no parecía nadie, mató al egipcio y lo enterró en la arena.

Un líder educado y entusiasta estaba listo para liderar. En su primer encuentro, se pone furioso, se encarga del problema él mismo y mata a un hombre. No es exactamente el mejor comienzo para un futuro líder. Es obligado a huir del país y vivir en la tierra de Madián.

Moisés necesitaba tiempo para perfeccionar su vida personal y espiritual. Le llevó cuarenta años en Madián. Eso es mucho tiempo. Necesito asimilar ese período de tiempo para no ser tan impaciente en mi propia vida. Moisés necesitaba casarse, tener hijos y aprender el valor del trabajo duro y la perseverancia. Necesitaba vivir en el desierto y entender cómo vivir allí, ya que Israel terminaría vagando por el desierto durante cuarenta años. Lo más importante es que necesitaba humildad y reverencia hacia Dios. Su vida espiritual se estaba formando. No sabemos qué hizo Moisés mientras era pastor en Madián Supongo que rezó y habló con Dios, ya que no había nadie más con quien hablar. Creo que pensó en Dios y probablemente recitaba historias sobre él mientras caminaba.

Pero cuando Israel estuvo listo y Moisés estuvo listo, Dios lo llamó desde una zarza ardiente.

> "Me ha llegado el pedido de ayuda de los israelitas y he visto con cuanta crueldad los tratan los egipcios. Es hora de que vuelvas: Te envió a donde está el Faraón para que saques de Egipto a mi pueblo, los israelitas".

Moisés le respondió a Dios: "¿Por qué yo? ¿Qué te hace pensar que podría volver a donde está el Faraón y guiar a los hijos de Israel para salir de Egipto?".

"Estaré contigo", dijo Dios.[24]

La respuesta de Moisés al llamado de Dios fue humilde y tímida. También había una mezcla de vergüenza por lo que había hecho cuando estaba en Egipto. Moisés no estaba motivado por el legado que dejaría en la historia. Ni siquiera lo quería aunque estaba listo. Dios tuvo que impulsarlo, darle confianza y mostrarle a través de milagros que estaría con él y que todo estaría bien.

Por lo general uno se da cuenta de que está listo para tener un impacto cuando hay un poco de reticencia aunque tenga las habilidades y experiencia adecuadas. Hay una madurez en entender lo que cuesta el verdadero impacto.

Han pasado décadas desde mi gran llamado a despertar. Todavía siento que me estoy despertando y aprendiendo a vivir una vida de impacto. No es un evento o habilidad que aprender o algo que agregar en su perfil de LinkedIn. Se requiere toda una vida para dominarlo mediante las acciones cotidianas, pero los resultados lo sorprenderán.

Si está dispuesto, lo incentivo a que se una a un grupo de LeaderImpact en su ciudad o que inicie o encuentre otro grupo que lo ayude a lo largo de este camino. Comparta este libro con otro líder y comience a influir en su vida. Espero que esto los impacte tanto como a usted.

Hágame saber cómo le está yendo en este viaje de impacto. Puede contactarme en BradenDouglas.com.

EL TIEMPO QUE LE DAN

J. R. R. Tolkien fue el autor de la trilogía de *El señor de los anillos*. Vivió a principios del siglo XX, cuando el mundo estaba en guerra, y muchos de los personajes de Tolkien, las batallas y la narrativa de la serie estuvieron inspirados en el mundo en el que él vivía.

Hace poco volví a ver las películas de *El señor de los anillos* con mi hijo, que ahora tiene la edad suficiente para entender realmente la historia y no asustarse con los orcos. Si nunca leyó los libros o nunca vio las películas, debería avergonzarse públicamente. Son fantásticos. La serie debería ser lectura obligatoria en las escuelas. Aunque mi esposa dice que es algo para hombres.

En cualquier caso, hay un hermoso intercambio entre Frodo, el hobbit que tiene que llevar el anillo de poder hasta el Monte del Destino para destruirlo, y Gandalf, el sabio mago, que ya no está con Frodo en este momento. Acaban de perder una batalla contra el enemigo. Han matado a un buen amigo mientras los defendía, y los Orcos se han llevado a sus otros compañeros hobbit. Frodo está desalentado y enojado.

"Ojalá el Anillo nunca hubiera llegado a mí. Ojalá nada de esto hubiera ocurrido", dice Frodo.

Frodo escucha la voz de Gandalf: "Eso desean quienes viven estos tiempos, pero no les toca a ellos decidir. Lo único que podemos decidir es qué hacer con el tiempo que nos dieron".

Su posición de influencia y liderazgo es un regalo que le han dado.

Nunca podemos elegir el tiempo que nos dan o las circunstancias.

Algunos momentos serán pacíficos. Otros podrán ser pandemias. La mayoría será algo en el medio.

Mi pregunta para usted es: ¿qué hará con su liderazgo desde este día en adelante? ¿Lo usará para usted mismo? ¿Tendrá una linda carrera, se tomará vacaciones cuando quiera, establecerá un colchón de ahorros sólido, se retirará temprano y morirá en paz?

¿O usará su liderazgo para tener impacto, invertirá en su familia y otras personas, sacrificará tiempo por las causas en las que cree, dará su dinero generosamente, morirá con un legado que no dejó nada pendiente y cambiará al mundo en el proceso?

Yo espero que elija lo último y se convierta en un líder de impacto.

ACERCA DE LEADERIMPACT

Escribí este libro en colaboración con LeaderImpact. He sido voluntario, orador y líder de grupos y he estado involucrado a nivel global durante varios años.

Cuando digo que necesita encontrar una causa y meterse de lleno, para mí, esta es la causa. Me encanta ver a los líderes comprometidos con convertirse en líderes de impacto. No hay otro mejor regalo que yo pueda darle al mundo.

LeaderImpact ha estado inspirando y desarrollando líderes durante décadas. Su propósito como organización mundial es ayudar a los líderes a desarrollarse a nivel profesional, personal y espiritual para tener un impacto.

Los líderes se reúnen en grupos con regularidad para trabajar en el plan de estudios de LeaderImpact, que suele estar basado en libros populares sobre negocios y liderazgo de autores como Jim Collins, Patrick Lencioni, Simon Sinek y otros. Los grupos están facilitados por líderes voluntarios que tienen una gran experiencia en el mundo real y que están convencidos de los valores centrales de la organización.

Lo que diferencia a LeaderImpact de los incontables grupos de pares o contactos es su enfoque en el desarrollo holístico del líder (profesional, personal y espiritual) y en la comunicación.

No es suficiente que los líderes se queden aislados en estos grupos. Se trata del crecimiento y de invitar a otros líderes a experimentar el mismo cambio de vida.

Cada ciudad realiza foros de LeaderImpact, que son eventos diseñados para reunir a líderes influyentes dentro de un área. Estos foros suelen contar con un gran orador en una sede lujosa o genial para garantizar una gran experiencia.

Cada año, se realizan múltiples viajes a países en los que están comenzando con LeaderImpact. Los líderes con experiencia tienen la oportunidad de presentar excelente contenido de su área de conocimiento pero también compartir de dónde proviene el impacto. He tenido el privilegio de hablar y trabajar con líderes en numerosos países de todo el mundo. Me encantaría que usted experimente lo mismo.

Aunque la organización está activa en más de 25 países, todavía está en sus primeras etapas. Necesitamos de grandes líderes, como usted, para que se incorporen y utilicen su tiempo, influencia y recursos para impulsarla.

De esto se trata ser parte de un movimiento. Usted puede ayudarnos.

A veces solo necesita un pequeño empujoncito.

Puede obtener más información, iniciar un grupo o involucrarse en LeaderImpact.com.

AGRADECIMIENTOS

Este es el primer libro que escribo. Me llevó más tiempo de lo que pensaba y más ayuda de otras personas de lo que me imaginaba.

En primer lugar, quiero agradecerle a mi relación más importante, mi increíble esposa, Jen. Te amo. Este libro con frecuencia nos quitó tiempo juntos, y te agradezco por tu entendimiento, aliento y edición. No podría haberlo hecho sin tu apoyo, y estoy muy agradecido de que seas mi esposa. Sé que te debo unas buenas vacaciones... o tres.

Rylan y London. Llenan mi vida de alegría y energía. Gracias por inspirarme a ser un gran papá y a ser paciente mientras escribía este libro. Sus interrupciones en mi oficina mientras escribía son siempre bienvenidas. Los amo profundamente.

Al equipo de LeaderImpact que trabajó duro para hacer realidad este libro: ¡muchas gracias! A Roger Osbaldiston y Judy Hildebrandt por sus opiniones, sabiduría y conexiones. Ambos también revisaron bocetos en tiempo récord. A Nathan Hildebrandt por impulsar este proyecto, buscar apoyo y volverlo realidad.

A Preston Wieler por tu apoyo continuo y tus opiniones a lo largo de los años, y a Katie Bircham Carpintero por mantenernos concentrados en la tarea y ayudarnos con la evaluación. Son geniales.

A mi familia Douglas. Papá y mamá, gracias por los años de apoyo constante, aliento y oración. Son unos padres increíbles y un gran ejemplo a seguir. A mi hermana Marnie y mi hermano Nate: gracias por dejar que el mundo pueda tener un vistazo de nuestras vidas mientras crecíamos y por las grandes historias y sabiduría que me han brindado a lo largo de los años. Son personas y hermanos increíbles. Sé que solo mencioné una pequeña parte. Los amo.

Gracias, Josh y Christine Cairns, por estar comprometidos con nosotros. Su amistad y compañerismo es profundo en todas las áreas de la vida.

El equipo de CREW. Gracias, Sujina Unger, por tu ayuda en la evaluación y todas las cosas de LeaderImpact con las que te pido ayuda. Gracias, Rose Atkinson, por ser mi asistente durante años. Intentar mantenerme organizado además de escribir debe haberte vuelto loca por momentos. Gracias, Justin Sherwin, por tus habilidades de diseño y Dan Ryu, por tu dirección creativa. Y al resto del equipo de CREW que me dejo tomarme tiempo para escribir este libro; gracias por ser desatascadores de oro. Además, quiero agradecer al primer desatascador de CREW, Hakon Fauske, por tu amistad y pasión.

Gracias a las excelentes personas de Scribe Media. Tucker, Zach, Hal the chief, Cristina, Emily, Tashan, Rachael, y el resto del equipo. Tomaron a un experto en marketing y crearon un escritor. Esa es su genialidad.

A los líderes y sus historias en el libro. Gracias por darme su tiempo y autenticidad, y por ser líderes de impacto cada día.

Gracias a Stu McLaren y Jeremy Laidlaw por ser grandes compañeros de habitación en la universidad y amigos para toda la vida. Fueron fundamentales para asegurar que emprendiera el camino del liderazgo desde temprano. Siempre me siento inspirado por quienes son y lo que están haciendo en el mundo.

Lo siento, Huijo, por llamarte "Complicado" durante años.

A los líderes en mi grupo de LeaderImpact, gracias por su amistad y aliento. Hay más por venir.

Este proceso fue largo pero vale la pena. Tal vez incluso escriba otro libro, pero no intentaré hacer salto con garrocha nunca más.

EVALUACIÓN DE LEADERIMPACT

Lea y reflexione sobre las preguntas a medida que las responde. Marque con un círculo el número correspondiente del 1 al 5 junto a su respuesta. Sume el total de la sección, y luego sume todas las tres secciones para obtener su puntuación total.

Recuerde que no hay una respuesta correcta o incorrecta. Es solo una evaluación para entender dónde está actualmente. El objetivo es ver el progreso en las áreas que son importantes para usted y que lo ayudan a convertirse en un líder que tiene un impacto. Si completa esta evaluación nuevamente dentro de uno o dos años, espero que vea una mejora y que lo aliente a seguir avanzando.

VIDA PROFESIONAL
1) ¿CÓMO SE SIENTE CON RESPECTO A SU TRABAJO?

1. No me gusta mi trabajo y estoy buscando activamente otras oportunidades.
2. Me gusta mi trabajo pero no veo que sea adecuado a largo plazo.
3. Disfruto de mi trabajo y me siento cómodo.
4. Amo mi trabajo y me siento satisfecho con las actividades de mi trabajo.
5. Mi trabajo es la expresión perfecta de quien soy, y me permite vivir mis valores y mi pasión.

2) ¿ESTÁ INVIRTIENDO ACTIVAMENTE EN SU DESARROLLO PROFESIONAL?

1. No; permito que mis circunstancias diarias y mis tareas determinen en qué concentro mi atención.
2. Sí; solo en las habilidades profesionales.
3. Sí; en las habilidades profesionales e interpersonales.
4. Aprovecho la mayoría de las oportunidades de desarrollo disponibles.
5. Invierto activamente mi propio tiempo y recursos en mi desarrollo profesional.

3) ¿CUÁL ES SU MAYOR MOTIVADOR EN EL TRABAJO?

1. No estoy motivado para nada.
2. Mi trabajo actual es simplemente un trabajo; lo hago por el dinero.
3. Generalmente disfruto de mi trabajo, y me sirve para mantener a mi familia.
4. Creo que mi trabajo combina muy bien con mis habilidades, capacidades y pasión. Es disfrutable.
5. Mi trabajo es una expresión de quien soy; me siento totalmente satisfecho en mi trabajo.

4) ¿CÓMO DESCRIBIRÍA EL EQUILIBRIO ENTRE SU TRABAJO Y SU VIDA?

1. Terrible; siempre estoy trabajando, y es malo para mí y para mi familia.
2. No muy bueno; mi trabajo ocupa mis pensamientos gran parte del tiempo cuando no estoy trabajando.
3. Bueno; estoy comprometido con mi trabajo pero puedo compartimentarlo cuando es necesario.
4. Muy bueno; dejo mi trabajo en la oficina.
5. Excelente; mi trabajo es una expresión natural de quien soy, y por lo tanto, el equilibrio de la vida es natural.

5) ¿TIENE LAS HABILIDADES NECESARIAS PARA SOBRESALIR EN EL TRABAJO?

1. No; me cuesta todos los días hacer mi trabajo.
2. Soy lo suficientemente competente como para no perder mi trabajo.
3. Estoy aprendiendo y aumentando mi confianza cada día.
4. Soy habilidoso en lo que hago y me siento bien con mi contribución.
5. Estoy en la cima de mi campo.

6) ¿TIENE UN TUTOR EN EL TRABAJO?

1. No; trabajo principalmente solo, sin asesoramiento profesional.
2. Tengo un supervisor, pero solo hablamos cuando le hago preguntas.
3. Tengo un supervisor que tiene un rol activo en mi crecimiento vocacional.
4. Tengo un tutor que se preocupa por mi desarrollo como empleado y como persona.
5. Tengo un tutor que está totalmente comprometido con mi desarrollo en todos los aspectos de mi vida y de mi trabajo.

7) ¿ES EL TUTOR DE ALGUNA PERSONA EN EL TRABAJO?

1. No; no formalmente.
2. Sí; como parte de mis responsabilidades de supervisión.
3. Sí; considero que es mi rol desarrollar a mi personal no solo a nivel profesional sino también personal.
4. Sí; busco activamente oportunidades para invertir en las vidas de la próxima generación.
5. Sí; considero que mi rol principal en mi lugar de trabajo es guiar a otros a nivel personal, profesional y espiritual.

8) ¿CÓMO VE SU NIVEL DE COMPENSACIÓN EN EL TRABAJO?

1. Me pagan un salario significativamente bajo.

2. Me pagan mal, pero esto se debe a mi relativa falta de experiencia.
3. Gano un salario promedio para mi nivel de experiencia.
4. Recibo una compensación justa y tengo oportunidades para progresar.
5. Recibo una compensación muy buena por el trabajo que realizo y tengo oportunidades para progresar.

9) ¿QUÉ TAN SATISFECHO ESTÁ CON SU NIVEL DE COMPENSACIÓN?

1. Me siento significativamente infravalorado, y afecta mi motivación y autoestima.
2. Ojalá me pagaran un salario más alto pero entiendo que es una época para el crecimiento y el desarrollo.
3. Siento que mi compensación es apropiada para el valor que brindo.
4. Estoy satisfecho con lo que gano.
5. Recibo una muy buena compensación y considero que es una bendición ser valorado por mi empleador.

10) ¿TIENE METAS PROFESIONALES EN EL TRABAJO?

1. No; actualmente no tengo nada hacia lo que me gustaría trabajar.
2. Tengo algunas ideas vagas de cosas que me gustaría lograr.
3. Establezco metas cada año pero rara vez las completo.
4. Establezco metas con las que estoy más comprometido e intento lograrlas.
5. Establezco metas profesionales significativas que sirven de guía para tomar decisiones.

Subtotal: _____

VIDA PERSONAL

11) ¿CÓMO DESCRIBIRÍA SUS HÁBITOS DE SUEÑO?

1. Terribles; nunca duermo bien.
2. No muy buenos; no duermo lo suficiente por la noche y estoy aletargado durante el día.
3. Adecuados; duermo entre 6 y 7 horas.
4. Buenos; generalmente duermo bien y me siento recargado y energizado para el día siguiente.
5. Excelente; me duermo rápidamente y duermo profundamente. Llevo una rutina de sueño regular, lo que me mantiene bien descansado.

12) ¿PASA TIEMPO INVIRTIENDO ACTIVAMENTE EN EL DESARROLLO PERSONAL (LECTURA, RETIROS PARA MATRIMONIOS, GRUPOS DE EJERCICIOS O ENTRENAMIENTO, ETC.)?

1. No; el desarrollo personal no es una prioridad para mí.
2. Invierto una mínima cantidad de tiempo en el desarrollo personal.
3. Invierto suficiente tiempo/energía para sentir que no me estoy quedando atrás en la vida.
4. El crecimiento y desarrollo personales son importantes para mí, y son mis prioridades cada año.
5. Tengo metas significativas para mi crecimiento personal e invierto mucho en mi desarrollo.

13) ¿CÓMO DESCRIBIRÍA SU ESTADO DE ÁNIMO GENERAL (PENSAMIENTOS Y DIÁLOGO INTERNOS)?

1. Tengo una mirada muy negativo sobre la vida y con frecuencia me siento sin esperanza.
2. Con frecuencia estoy triste y sin energía.
3. Tengo días buenos y malos.

4. Estoy generalmente contento y animado.

5. Casi siempre estoy contento y optimista.

14) ¿QUÉ TAN BIEN PUEDE MANEJAR LA ANSIEDAD, EL ESTRÉS Y EL MIEDO? ¿PUEDE CONCENTRARSE Y TRABAJAR BIEN BAJO PRESIÓN?

1. Me siento constantemente abrumado por factores de estrés emocional.

2. Generalmente manejo bien las presiones diarias pero me descoloca cualquier cambio o estrés significativo.

3. Soy productivo durante períodos de estrés, pero afecta mi bienestar.

4. Tengo una buena habilidad para manejar el estrés de la vida y el trabajo y soy efectivo en medio de las dificultades y presiones.

5. Tengo estrategias proactivas para manejar lo que la vida me da y puedo concentrarme en cualquier situación.

15) ¿QUÉ TAN CAPAZ ES DE VER DESDE LA PERSPECTIVA DE OTRA PERSONA DURANTE UN DESACUERDO?

1. No entiendo a las demás personas. Solo veo las cosas a mi manera.

2. Ocasionalmente soy consciente de las perspectivas de los demás, pero no entiendo cómo llegaron a sus conclusiones.

3. Entiendo y encuentro un equilibrio entre múltiples puntos de vista en mi toma de decisiones y respuesta al desacuerdo.

4. Busco activamente otros puntos de vista e intento tomar decisiones que sean apropiadas para todos los involucrados.

5. Constantemente veo las situaciones desde un punto de vista objetivo y empático.

16) ¿CÓMO DESCRIBIRÍA SU MANEJO EMOCIONAL (EXPRESIÓN EXTERNA DE LOS SENTIMIENTOS INTERNOS)?

1. Me cuesta controlar mis arrebatos.

2. Tengo un control limitado sobre mis emociones y me provocan fácilmente.

3. Durante los períodos de estrés, mi capacidad de controlar mis emociones se ve afectada.

4. Estoy bastante estable la mayor parte del tiempo.

5. La templanza es uno de mis rasgos centrales.

17) ¿CÓMO CALIFICARÍAN SUS FAMILIARES SU DEDICACIÓN DE TIEMPO Y ATENCIÓN HACIA SU FAMILIA?

1. No tengo una familia. (N/A)

2. Soy emocional y físicamente distante.

3. No estoy tan disponible como a mi familia le gustaría, pero entienden que es una época de la vida.

4. Intento estar presente y atento siempre que sea posible.

5. Mi familia es muy importante para mí. Les dedico una cantidad significativa de tiempo y atención.

18) ¿CÓMO CALIFICARÍA SU CÓNYUGE/PAREJA SU DEDICACIÓN DE TIEMPO Y ATENCIÓN HACIA SU MATRIMONIO/RELACIÓN?

1. No estoy casado ni tampoco en una relación seria en este momento. (N/A)

2. Soy emocional y físicamente distante.

3. No estoy tan disponible como a mi cónyuge/pareja le gustaría, pero entiende que es una época de la vida.

4. Intento estar presente y atento siempre que sea posible.

5. Mi cónyuge/pareja es muy importante para mí. Le dedico una cantidad significativa de tiempo y atención.

19) ¿CÓMO DESCRIBIRÍA SUS AMISTADES?

1. Mantener amistades no es una prioridad para mí. (N/A)

2. Realmente no tengo ningún amigo.
3. Tengo muchos conocidos pero ninguna amistad verdadera.
4. Tengo uno o dos amigos muy íntimos.
5. Tengo varias amistades íntimas de largo plazo.

20) ¿CÓMO SE SIENTE CON RESPECTO A SU SALUD Y ESTADO FÍSICO GENERAL?

1. Mi bienestar físico actual me pone en riesgo médico.
2. No estoy saludable físicamente y eso no me pone contento.
3. Podría estar en mejores condiciones, pero hago un esfuerzo mínimo.
4. Tengo un estado físico decente y hago ejercicio siempre que tengo tiempo.
5. Valoro mi salud física y la busco activamente.

21) ¿CÓMO SON SUS HÁBITOS NUTRICIONALES?

1. Tengo muy malos hábitos nutricionales, y mejorarlos no es una prioridad para mí.
2. Tengo malos hábitos nutricionales pero soy consciente de ellos y me gustaría mejorarlos.
3. Tengo hábitos nutricionales promedio. Intento elegir opciones saludables.
4. Tengo buenos hábitos nutricionales. Hago un esfuerzo consciente por comer bien y tengo bastante disciplina.
5. Excelente; estoy informado a nivel nutricional y sigo un plan nutricional óptimo para mi estilo de vida.

22) ¿TIENE METAS PARA SU VIDA PERSONAL?

1. No, actualmente no tengo ninguna meta personal.
2. No tengo metas específicas establecidas pero tengo algunas ideas vagas de lo que me gustaría lograr.

3. Establezco metas cada año pero rara vez las completo.
4. Establezco metas con las que estoy comprometido e intento lograrlas.
5. Establezco metas personales con frecuencia y casi siempre las logro.

Subtotal: _____

VIDA ESPIRITUAL

23) ¿TIENE UN SENTIDO DE PROPÓSITO SATISFACTORIO EN SU VIDA?

1. He perdido un verdadero sentido de propósito en mi vida.
2. Me cuesta encontrar sentido y propósito pero mantengo la esperanza.
3. Siento un propósito solo ocasionalmente.
4. Con frecuencia siento que tengo un propósito en determinadas áreas de mi vida.
5. Tengo un profundo sentido de propósito en todos los aspectos de mi vida.

24) ¿CÓMO DESCRIBIRÍA SU SALUD/VIDA ESPIRITUAL EN ESTE MOMENTO?

1. No conozco a Dios/no creo en Dios.
2. Me siento desconectado de Dios.
3. Me gustaría sentirme más conectado con Dios.
4. Me siento conectado con Dios.
5. Estoy constantemente consciente de la presencia de Dios en mi vida.

25) ¿CON QUÉ FRECUENCIA EXPERIMENTA ALEGRÍA ACTUALMENTE EN SU VIDA?

1. Nunca.
2. Estoy en una época de dificultades y agotamiento pero tengo esperanza de que pasará.

3. Inconsistente. Algunos días son muy buenos, y otros no tanto.
4. Experimento alegría la mayor parte del tiempo, pero me gustaría experimentarla con más frecuencia.
5. Tengo alegría constantemente con otras personas, afirmando el rasgo dentro de mí.

26) ¿CÓMO EVALUARÍA SU CAPACIDAD DE PACIENCIA?

1. Muy mala; estoy constantemente enojado con las demoras o los errores.
2. Soy inquieto y me irrito fácilmente.
3. Es un trabajo en curso.
4. Generalmente me contengo bien pero tengo lapsos ocasionales.
5. La paciencia es uno de mis rasgos centrales.

27) ¿CON QUÉ FRECUENCIA SIENTE COMPASIÓN O ACTÚA CON COMPASIÓN HACIA OTRAS PERSONAS?

1. Muy pocas veces; mi enfoque tiende a estar exclusivamente sobre mí.
2. Solo ocasionalmente muestro amabilidad y compasión hacia los demás.
3. Con frecuencia intento ser compasivo, pero no me sale naturalmente.
4. Con frecuencia soy amable y compasivo hacia los demás.
5. Con regularidad busco formas de mostrar amabilidad o compasión hacia los demás.

28) ¿CON QUÉ FRECUENCIA SE SIENTE AMADO O DEMUESTRA AMOR HACIA OTRAS PERSONAS?

1. Pocas veces demuestro amor hacia los demás, y rara vez me demuestran amor.

2. Con poca frecuencia, pero desearía que fuera con más frecuencia.
3. Ocasionalmente, pero hay posibilidad de mejorar.
4. Con frecuencia amo a los demás y me siento amado a cambio.
5. El amor es un aspecto regular de mi vida, y los demás me lo devuelven.

29) ¿QUÉ LUGAR TIENE LA ORACIÓN EN SU VIDA?

1. No rezo.
2. Rezo antes de las comidas.
3. Rezo a diario por las personas y las cosas que son importantes para mí.
4. Tengo una comunicación activa con Dios durante el día.
5. Soy un guerrero de oración y paso más de cinco horas por semana rezando.

30) ¿CÓMO ESTÁ SU NIVEL DE TEMPLANZA?

1. Muy bajo; no estoy en control de mis pensamientos/acciones.
2. No muy bueno; las circunstancias o las situaciones suelen determinar mis respuestas.
3. Variable; es un trabajo en curso.
4. Generalmente ejerzo un fuerte autocontrol, y los lapsos son poco frecuentes.
5. La templanza es uno de mis rasgos centrales.

31) ¿SUS PENSAMIENTOS Y ACCIONES SON COHERENTES CON UN ESTÁNDAR MORAL ELEVADO?

1. No; tengo mucho por mejorar.
2. Podrían ser mejores.
3. A veces, pero me estoy concentrando en mejorar.
4. Constantemente actúo con moralidad pero me cuestan mis pensamientos.

5. Mis pensamientos y acciones son constantemente morales, con lapsos muy poco frecuentes.

32) ¿QUÉ TAN IMPORTANTE ES PARA USTED EL CRECIMIENTO Y EL DESARROLLO ESPIRITUAL?

1. No es para nada importante.
2. Es un poco importante.
3. Importante; pero no lo busco activamente.
4. Estoy buscando aumentarlo.
5. Estoy activamente comprometido con el crecimiento espiritual.

Subtotal: _____

Total de Vida Profesional: _____

Total de Vida Personal: _____

Total de Vida Espiritual: _____

Suma total: _____

¿CÓMO SE COMPARA CON OTROS?

Me encanta trabajar con líderes porque están motivados y son competitivos. También son inseguros, y se comparan con otros líderes o empresas u organizaciones. Esta evaluación no es un diagnóstico clínico de su salud profesional, personal y espiritual. No hay ganadores ni perdedores, ni mejor o peor. Más bien es una oportunidad para que evalúe cómo se siente actualmente sobre diversos aspectos de su vida. Es una medición del progreso a lo largo del tiempo. Espero que avance constantemente y que tenga la intención de desarrollar áreas en las que siente que necesita mejorar.

A partir de nuestra encuesta de más de 500 líderes de diversas partes del mundo, estos son las puntuaciones promedio.

	PERSONAL (DE 60)	PROFESIONAL (DE 50)	ESPIRITUAL (DE 50)	PUNTUACIÓN TOTAL (DE 160)
TODOS LOS LÍDERES	45	35	40	120
DIRECTOR EJECUTIVO/ PRESIDENTE	47	39	41	127
PROPIETARIO/ EMPRENDEDOR	45	36	39	120
GERENCIA SÉNIOR (VICEPRESIDENTE/ DIRECTOR)	45	35	39	120
GERENCIA (SUPERVISOR/ JEFE DE EQUIPO)	45	34	40	118
EMPLEADO	44	33	40	117
OTRO	43	33	39	114
RETIRADO	46	35	41	122
HOMBRE	45	35	39	120
MUJER	44	35	41	120

Nota: Tamaño de muestra = 537 respuestas completadas (septiembre de 2019)

Siempre es interesante ver cómo se comparan nuestras puntuaciones.

Si está conforme con el lugar donde está, genial. Es importante sostener ese nivel en cada área y mantener la intensidad. También puede ayudar a los demás que no alcanzaron ese nivel todavía. Eso puede significar enseñar, guiar e incorporarse en otros líderes de manera muy intencional.

Si no está satisfecho con sus puntuaciones, puede ponerse a trabajar en ellas. El objetivo en la vida no es la perfección sino el progreso.

El componente introductorio a LeaderImpact se llama Bases. Suele tener entre 4 y 5 sesiones en las que trabaja sobre su vida, historia, valores, propósito, visión y metas establecidas.

La evaluación también es parte del programa Bases y lo ayuda a dar los siguientes pasos.

La mejor parte es revisar su evaluación con otros líderes en un entorno grupal. Personalmente la he realizado múltiples veces en grupos, y siempre he obtenido nuevos puntos de vista y percepciones que puede aplicar en su vida. Lo convertirá en un líder más agudo y una mejor persona.

ACERCA DEL AUTOR

BRADEN DOUGLAS es el fundador de CREW Marketing Partners, una de las agencias creativas y de marketing de más rápido crecimiento en Canadá, con múltiples sedes. Fundada en 2007, CREW ha ganado numerosos premios y trabajado con algunas de las mejores marcas.

Como uno de los empleados de marketing más jóvenes contratado en Procter & Gamble y luego en Frito-Lay, Braden tomó una decisión que muchos de sus colegas considerarían como una limitación profesional. Dejó el mundo corporativo. Siguió su pasión para trabajar en una organización nacional sin fines de lucro llamada Campus Crusade for Christ, que ahora se llama Power to Change. Fue en esta organización sin fines de lucro que desarrolló su marco de estrategia de marketing y modelo de agencia registrado. Lo que es más importante, se dio cuenta del potencial y la capacidad de los líderes de tener un impacto significativo en el mundo.

Fue este deseo lo que lo llevó a crear CREW.

Su pasión y propósito son ayudar a los líderes a encontrar el verdadero éxito. CREW se enfoca en los resultados comerciales, y su trabajo como voluntario en LeaderImpact se enfoca en ayudar a los líderes a vivir una vida de impacto.

Habla en eventos ante audiencias de toda América del Norte y de todo el mundo y escribe con regularidad en las redes sociales y en su sitio web, BradenDouglas.com.

Vive en las afueras de Vancouver, British Columbia, con su esposa y dos hijos. Es un lector consumado, voluntario, escritor y atleta que corre, juega al fútbol, hace snowboard y está constantemente activo con su familia.

NOTAS

1. John C. Maxwell, *The 21 Irrefutable Laws of Leadership* (Nashville: Thomas Nelson, 1998).
2. "Civil Rights Icon Rosa Parks Dies at 92," CNN, 25 de octubre de 2005, https://www.cnn.com/2005/ US/10/25/parks.obit/index.html.
3. Obtenido de Mateo 13:3–8. Eugene Peterson, *The Message Paraphrased Bible* (Colorado Springs, CO: NavPress, 2018)
4. Greg McKeown, *Essentialism: The Disciplined Pursuit of Less* (Nueva York: Crown, 2014), 131.
5. Chris Weller and Skye Gould, "Here Are the Ages You Peak at Everything in your Life," *Business Insider*, 5 de octubre de 2017.
6. Eric J. Olson, "Healthy Lifestyle: Adult Health: Expert Answers: How Many Hours of Sleep Are Enough for Good Health?" Mayo Clinic, 6 de junio de 2019, https://www.mayoclinic.org/ healthy-lifestyle/adult-health/expert-answers/how-many-hours-of-sleep-are-enough/ faq-20057898.
7. "Healthy Sleep: Benefits of Sleep," Division of Sleep Medicine at Harvard Medical School, http://healthysleep.med.harvard.edu/ healthy/matters/benefits-of-sleep.
8. Earlexia Norwood, "The Surprising Health Benefits of Smiling," *Henry Ford Live Well* (blog), 5 de octubre de 2017.
9. Tim Keller, *The Prodigal God* (Nueva York: Dutton Press, 2008), 60.
10. Mateo 16:24–26 (Nueva Traducción Viviente).

11. Juan 15:12–13 (Nueva Biblia Estándar Americana).
12. Mateo 22:37 (Nueva Traducción Viviente).
13. Mateo 10:38 p.m. (Nueva Traducción Viviente).
14. Gálatas 5:22–23 (Nueva Traducción Viviente).
15. 1 Corintios 13:4–7 (Nueva Traducción Viviente).
16. Juan 15:5 (Nueva Traducción Viviente).
17. James Allen, *As a Man Thinketh* (1908).
18. "Three-Quarters of Millennials Would Take a Pay Cut to Work for a Socially Responsible Company, according to Research from Cone Communications," Cone Communications, 2 de noviembre de 2016, https://www.prnewswire.com/news-releases/ three-quarters-of-millennials-would-take-a-pay-cut-to-work-for-a-socially-responsible-company- according-to-research-from-cone-communications-300355311.html.
19. V. Kasturi, Lisa Chase, and Sohel Karim, "The Truth about CSR," *Harvard Business Review* (Enero-febrero de 2015), https://hbr. org/2015/01/the-truth-about-csr.
20. "Will Consumers Pay More for Products from Socially Responsible Companies?" *Marketing Charts*, 15 de octubre de 2015, https:// www.marketingcharts.com/brand-related-60166.
21. "Nearly All Consumers Likely to Switch Brands to Support a Cause This Holiday Season," Cone Communications, 1 de diciembre de 2011, https://www.prnewswire.com/news-releases/ nearly-all- consumers-likely-to-switch-brands-to-support-a-cause-this-holiday-season-134834278.html.
22. Jim Collins, *Good to Great: Why Some Companies Make the Leap and Others Don't* (Nueva York: HarperCollins, 2001).
23. Proverbios 15:22 (Nueva Traducción Viviente).
24. Obtenido de Éxodo 3:9–12, Eugene Peterson, *The Message Paraphrased Bible* (Colorado Springs, CO: NavPress).

www.ingramcontent.com/pod-product-compliance
Lightning Source LLC
Chambersburg PA
CBHW021501180326
41458CB00050B/6857/J